부처님의 생애로 살펴본
불교이야기

법공 스님이 들려주는 불교이야기

부처님의 생애로 살펴본 불교이야기

글 김화 법공

대양미디어

◇ 추천사

한 권의 포교도서는 한 분의 부처님

　　법공 스님이 부처님의 생애를 일화 중심으로 살피고 일반 불자들이 진리의 말씀을 이해하기 쉽도록 포교도서로 엮어냈습니다. 이 책을 읽다가보면 우리 곁에서 부처님이 함께 계신 것처럼 그 숨결과 자애로운 모습을 상상할 수 있을 정도로 가까이 다가오심을 느끼게 됩니다.
　　타 종교보다 우리 불교교단에서는 계층 포교자료 개발과 보급에 그동안 무관심했던 것이 사실입니다. 뜻있는 재가불자들이 교육과정 편제에 맞게 어린이 청소년들의 교보재를 만들고 사비로 제작하여 보시하는 일이 전부인 것처럼 뚜렷한 계층 포교용 대중 도서가 필요한 시점에 있습니다.
　　이러한 시대적 필요성을 감안할 때 법공 스님이 그동안 초발심 불자들에게 길잡이가 될 수 있는『부처님의 생애로 살펴본 불교이야기』는 '불교가 배우기 어렵고 이해하기 힘든 종교'라는 생각을 지워도 좋을 만큼 쉽고 간결한 문장으로 엮어져 있습니다. 그리고 제 2권은 우리 초발심 수행자들이 절 마당에서 처음 들어섰을 때 맞게 하는 전각과 탑, 사물, 의식, 예절 등 불자들이 꼭 알아야 할 상식을 상세하게 설명하고 안내하는 지도서입니다.

한 권의 포교도서는 한 분의 부처님을 모시는 것처럼 소중하고 신심으로 권하는 많은 원력이 담겨 있습니다. 이 책을 통해 불교를 처음 만나는 초발심 불자들은 소중한 인연의 가피를 누리시기 바라며, 부처님의 자비은혜가 충만한 일상이 되시길 빕니다.

불기 2563년 정월 초하루

아산 보문사 회주

송운 현보

■ 추천사

한 권의 포교도서는 한 분의 부처님 · 005

석가모니 부처님의 생애 · 011

1. 부처님의 전생
- 금빛사슴이야기 · 013
- 연등부처님의 수기 · 018
- 제석천왕과 나찰 · 021
- 과거에 오신 부처님 · 024
- 붓다가야의 고마타왕 · 027

2. 석가모니 부처님의 탄생
- 성탄지 룸비니동산 · 031
- 아시타선인의 눈물 · 037
- 슬기로운 왕자 · 040
- 아름다운 야쇼다라 공주 · 044

3. 구도의 길
- 사문유관(四門遊觀) · 049
- 라훌라의 탄생 · 053

- 길을 찾는 나그네 · 056
- 싯다르타를 찾아온 친구들 · 060
- 수잣타의 우유죽 공양 · 065
- 마왕 파순의 위협 · 067

4. 부처님의 발자국
- 녹야원의 다섯비구 · 074
- 야사장자의 귀의와 삼귀의 제정 · 082
- 카샤파 삼형제의 귀의 · 085
- 최초의 절 죽림정사 · 090
- 살인귀 앙굴리말라의 제도 · 095
- 수닷타장자와 기원정사 · 100
- 경전바라문과 난타 · 104

5. 둥글고 밝은 빛
- 기원정사의 준공과 부처님의 귀향 · 111
- 석가족 왕자들의 출가 · 117
- 겨자씨 세 알의 가르침 · 123
- 최초의 순교자 풋나 · 126
- 수롱나의 거문고줄 · 128

6. 계율의 제정
 - 크고 작은 계율 • 133
 - 큰 거짓말과 간음에 관한 계율 • 138
 - 살인과 도둑질에 관한 계율 • 140
 - 비구니 교단의 탄생과 계율 • 143
 - 비구니 우파라반나의 눈물 • 147
 - 로히니 강물 분쟁 • 153
 - 사촌 데바닷다의 반역 • 159

7. 부처님의 10대 제자
 - 사리풋다와 목련존자 • 166
 - 마하가섭과 아나율존자 • 169
 - 수보리와 부루나존자 • 171
 - 우파리존자와 라훌라존자 • 175
 - 아난다존자와 가전연존자 • 178

8. 꺼지지 않는 등불
 - 바차국과 인도 16개국왕의 귀의 • 183
 - 부모를 초막에 버린 사내 • 187
 - 부모은중경의 탄생 • 191
 - 최초로 만든 불상 • 199

- 가난한 노파의 등불 공양 • 202
- 마등가와 바보 판타카 • 204
- 귀자모의 아들 빈가라 • 209
- 유마거사와 여러 부살들 • 212

9. 대 열반
- 아난다의 눈물 • 217
- 대장장이 춘다의 최후 공양 • 221
- 최후의 법문 열반경 • 224
- 대열반 그리고 사리전쟁 • 232

◇ 부처님의 일생 연대표 • 239
◇ 한국 불교사 연대표 • 242

석가모니 부처님의 생애

불교의 교주이신 석가모니 부처님은 2660년 전 북인도 카필라국 석가족의 왕인 정반왕과 마야부인 사이에서 왕자로 태어나셨다. 성은 고마타(Gotama: '훌륭한 소'라는 뜻)였고 이름은 싯다르타였다.

부처님의 생애는 북방계 대장경에는 팔상록의 저술처럼 여덟 가지 사건을 중심으로 하여 그려지고 있는데 반해 남방계 불교에서는 탄생과 성도, 초전법륜과 열반 등 4가지로 구분하여 서술하고 있다.

우리나라 모든 사찰의 벽화가 이 팔상도를 중심으로 그려져 있고 벽화의 소재로 '심우도'를 많이 그리고 있는 현상은 핵심교리만을 근거하여 표현하고 있다고 보면 된다.

부처님의 생애는 크게 카필라성의 왕자로 살던 28년과 구도와 성도 하시기까지의 6년, 그리고 제자들을 가르친 40여 년의 전법기간으로 구분한다.

그리고 경장에서 논한 12연기설의 배경이 되는 전생담(육도집경)의 말씀대로 수없이 많은 보살행을 통해 최후에는 과거에 나타난 부처님의 수기를 받아 석가모니로 태어나는 전생이야기에서부터 시작된다.

부처님탄생도(송광사 자료)

1. 부처님의 전생

■ 금빛사슴이야기

부처님이 카필라성의 왕자로 태어나기 전에 한 때 아름다운 금빛 사슴으로 태어나 많은 사슴들의 왕으로 살던 때가 있었다. 그가 다스리는 숲은 언제나 싱싱한 풀과 과일나무들이 자라서 사슴뿐 아니라 많은 짐승들이 모여와서 행복하게 살았다.

어느 날, 강의 상류에 많은 비가 내려 강이 범람하게 되는데 사냥을 나섰던 어느 사냥꾼이 물에 빠져 떠내려가고 있었다. 과일나무 언덕에서 그 모습을 지켜보고 있던 사슴은 그 사나이를 구하기 위해 강가로 내려가려고 하였다. 그때 까마귀가 금빛 꽃사슴에게 말했다.

"꽃사슴아, 저 사람은 그동안 짐승을 사냥하여 먹고 살던 사람이다. 욕심이 많아 네가 저 사람을 구해준다고 해도 언제인가는 너를 해치려 할지 모르니 절대 자비심을 내어 구해주지 말아라."

"구해주지 말라고? 아니야, 내가 저 사람을 구해주지 않으면 저 사람은 분명 물에 빠져 죽고 말 것이다. 생명을 잃을 지 모르는데, 어찌 내가 모른 척 할 수가 있는가? 난 저 사람이 욕심을 내어 나를 죽이려고 하다고 해도 지금은 저 사람을 구해줄 수밖에 없다."

금빛 사슴은 장맛비의 거센 물살을 헤치고 그 사냥꾼을 구해 가지고 나왔다. 그 사냥꾼은 금빛 사슴에게 말했다. 사슴은 기진맥진하여 물가에 쓰러졌다.

사냥꾼이 말했다.

"나의 목숨을 구해 준 꽃사슴아, 내가 어떻게 하면 이 은혜를 갚을 수가 있겠니?"

"사냥꾼이여, 내가 보답을 바라고 당신을 구한 것이 아닙니다."

"그냥 떠난다는 것은 사람의 도리가 아니다. 무엇이든 이야기하여 보아라. 내가 무엇으로 보답을 해야 하는지?"

"그 도리를 아신다면 어떠한 일이 있더라도 나를 이 푸른 동산에서 보았다는 말을 하지 말아 주십시오."

"그래? 그거야 쉬운 일이지. 내가 그 약속을 꼭 지키마! 절대 나는 너의 소재를 이야기 하지 않겠다."

사냥꾼은 손을 흔들며 망고나무 숲을 떠났다. 그런데 그 나라의 왕비가 꿈에 아름다운 뿔을 가진 금빛사슴을 보고 왕에게 꿈 이야기를 하였다.

"임금님, 제 꿈은 상서로운 것입니다. 이 금빛사슴은 분명 임금님이 다스리는 우리나라에 살고 있을 것입니다. 그 꽃사슴을 잡아 아름다운 뿔을 얻고 싶습니다."

"왕비, 꿈에서 본 사슴을 잡아내라니요. 그런 사슴이 과연 있을는지도 모르거니와 있더라도 신령스런 금빛사슴을 어떻게 잡는단 말이오?"

"제 꿈이 그럼 허황된 꿈이란 말이셔요? 분명 살고 있으니까 꿈에 꾸인 것입니다."

왕비는 국왕을 졸라 결국 왕은 전국의 사냥꾼에게 일러 그 금빛꽃사슴을 잡으라는 명령을 내렸다. 이때, 장마 때 사슴의 도움으로 생명을 구한 사냥꾼이 그 소식을 듣고 망설였다.

'그 사슴이라면 내가 잘 알고 있는데 어쩔까? 임금님에게 그 금빛사슴이 사는 곳을 일러주고 상을 받아 부자로 살아볼까? 아니야. 나는 그 사슴하고 약속을 했는데 그럴 수는 없지.'

사냥꾼은 며칠을 망설인 끝에 예전의 약속을 저버리고 궁전으로 임금님을 찾아가 알렸다.

"네가 정녕 그 금빛사슴을 보았단 말이냐?"

"예. 그 사슴은 강물에 빠져 허우적대는 저를 구해주기까지 하였습니다. 뿔이 아름다운 금빛사슴이었습니다."

이때, 왕비가 놀라며 다가와 말했다.

"어머나, 그렇구나. 정말 있었어. 내가 꿈속에서 보았던 그 금빛으로 빛나던 금빛꽃사슴이 우리나라에 살고 있었어."

왕비는 군사들을 풀어 그 꽃사슴을 어서 잡아달라고 조르기 시작하였다. 왕은 직접 병사들을 이끌고 금빛꽃사슴을 보았다는 사냥꾼을 앞세우고 푸른 계곡이 열려있는 망고나무숲으로 다가갔다.

왕과 병사들의 발굽소리를 듣고 까마귀는 물가에서 풀을 뜯고 있는 금빛사슴에게 날아와 말했다.

"꽃사슴아, 내가 사람을 믿지 말라고 했지. 지금 이 나라의 임금님이 너를 잡기 위해 군사들을 이끌고 다가오고 있다."

"그래? 그 사람이 욕심이 많아 약속을 지키지 않았구나. 그 사냥꾼이 나를 왕에게 넘겨주고 부자로 살고 싶었나보구나."

그때 국왕과 같이 말을 타고 숲을 헤치고 오던 사냥꾼은 갑자기 얼굴과 몸에 부스럼이 돋기 시작했다. 그리고 천둥이 울리며 그가 기침을 시작하더니 피를 토하며 넘어져 그만 숨을 거두고 말았다. 왕과 신하들이 놀라서 하늘을 지켜보는데 숲에 살던 까마귀가 날아와 사람의 말소리로 말을 했다.

"은혜를 모르는 사람, 하늘이 벌을 주셨다."

국왕은 깜짝 놀라 그 까마귀를 보고 물었다.

"은혜를 모르다니? 그게 무슨 말이냐?"

"임금님, 이 사람은 사냥꾼으로 이 강가에서 사냥을 하다가 물이 불어나서 떠내려가고 있었습니다. 그래서 임금님이 잡으려던 사슴이 어려움을 무릅쓰고 그를 구해주었습니다. 그리고 약속을 했지요. 누가 자신의 뿔과 털가죽을 욕심을 낼지 모르니 자신을 보았다는 말을 하지 말기로."

까마귀는 그동안 있었던 이야기를 왕에게 자세히 일러주었다.

"허허, 그런 약조를 하고도 배신을 하였단 말이냐? 사람이 어찌 짐승만도 못하단 말이냐?"

왕비도 금빛사슴의 어진 마음을 전해 듣고 자신의 욕심이 커서 그 슬기로운 사슴의 목숨을 잃게 할 번 했다며 용서를 빌었다.

이를 본 왕은 '물가에 풀을 먹고 사는 금빛사슴을 잡지 말라.' 고 포고령을 내리고 궁궐로 돌아갔다.

석가모니 부처님은 이처럼 사슴과 물고기, 벌레, 나무와 풀, 꽃의 왕

성도지에 세운 마하보디대탑

으로 태어나기를 반복하신다. 그리고 석가모니 부처님 이전에 이 땅에 오신 여섯 분의 부처님 중에 '연등부처님'을 만나 '너는 그동안의 보살행으로 석가족의 왕자로 태어나 석가모니 부처님이라는 이름으로 중생을 구원할 것이라.'는 수기를 받는다.

■ 연등부처님의 수기

석가모니 부처님이 이 땅에 오시기 전에 '선혜(善慧)'라는 이름으로 보살행을 실천하며 살 때의 일이다. 그는 부모님이 일찍 돌아가시자 많은 유산을 어려운 이웃과 그동안 집안일을 돕던 하인들에게 나눠주고는 히말라야 숲으로 들어가 수행자가 되어 공부를 하고 있었다.

그 무렵, 연등부처님(가섭불)이 세상에 출현하셨다. 연등부처님은 여러 도시를 오가시며 많은 대중들에게 참 지혜와 보시를 가르치고 있었다. 거리마다 부처님을 찬탄하는 노래와 등불을 밝히고 부처님을 만나면 꽃과 음식을 공양하며 반갑게 맞았다.

히말라야 설산에서 수행하던 선혜도 부처님의 이야기를 듣고 자신도 부처님에게 공양하고 진리의 가르침을 듣고 싶었다. 그래서 부처님이 설법하신다는 곳을 찾아 길을 가며 다짐을 했다.

'나도 부처님에게 공양을 올리고 깨달음의 씨앗을 심어야 하겠다.'

그는 시장으로 나가 부처님에게 올릴 공양물을 사려고 하였지만 이미 시민들이 모두 사 버려 구할 수가 없었다. 그래도 부처님을 뵙고 싶은 마음에 길을 가다가 아름다운 꽃 일곱 송이를 들고 가는 여인을 발견하고 간청하였다.

"여인이시여, 그 아름다운 꽃을 저에게 파실 의향은 없나요?"

"이 꽃은 부처님께 공양할 꽃으로 꽃 한 송이에 백 냥입니다. 그런 돈이 있었다면…. 저와 결혼을 약속하신다면 나눠드릴 수 있습니다. 약속하실 수 있어요?"

"안타깝네요. 저는 출가수행자입니다."

"그럼, 안되겠네요. 이 꽃을 사실 돈이 없다면 저와 결혼을 약속해 주시면 드린다고 하였습니다."

선혜를 출가자로 결혼을 약속할 수 있는 입장이 아니라서 난감했다. 하지만, 빈손으로 부처님을 찾아가 거룩한 진리의 말씀을 청할 수는 없는 노릇이었다. 곰곰 생각한 끝에 이렇게 약속을 했다.

"약속하겠습니다. 저는 언제가 될지는 모르지만 성불을 할 때까지 수많은 삶을 살더라도 당신과 부부가 될 것을 맹세하겠습니다."

"정말이요? 좋아요. 저와 결혼을 하시는 것이라면 드릴 수 있어요."

선혜의 다짐을 들은 여인은 빙그레 웃으며 다섯 송이의 꽃을 선혜에게 주었다. 그리고 자신은 두 송이를 들고 선혜와 함께 부처님에게 꽃을 공양을 하러 갔다.(이 같은 공양의식은 훗날 불교의식으로 결혼식을 차릴 때 신랑은 부처님께 다섯 송이, 신부 측은 두 송이의 꽃 공양하는 의식으로 전해진다.)

연등부처님이 설법하는 장소에 다다른 선혜와 여인은 거룩하신 부처님께 예배하고 가지고 온 꽃을 던졌다. 그러자 그 꽃은 부처님의 발치에 떨어지지 않고 허공에 둥둥 떠 있었다.

부처님이 선혜 수행자의 근기를 보시고 기적을 나타내 보이신 것이었다.

부처님이 여러 제자들과 이웃나라로 포교여행을 떠나실 때의 일이다. 큰 길이었지만 우마차가 오가고 비가 내린 직후라서 길이 매우 질척거리고 웅덩이에 물이 차서 시민들이 나와서 부처님이 가시는 길을 다듬고 흙을 퍼다가 웅덩이를 메우고 있었다.

선혜도 작은 삽을 빌려 길을 메우다가 저만치 부처님이 오시는 것을 보고 웅덩이에 긴 머리카락과 몸으로 가리고 자신을 밟고 가시라고 여쭙는다. 이를 보신 연등부처님은 가던 길을 멈추고 선혜를 일으켜 세우고는 그를 따르는 제자들과 선혜에게 이르셨다.

"여기 견디기 힘든 수행을 하며 정진하는 수행자를 보아라. 이 수행자는 무량겁을 지나 세상에 출현하여 부처가 될 것이다. 이 고행자는 부처의 씨앗이요 부처님이 되실 싹이로다!"

이것이 연등부처님이 훗날 석가모니 부처님으로 탄생할 선혜수행자에게 이르신 수기이다. 경전에는 이때 1만 세계가 진동하였다는 기록이 있는데 이 말은 연등부처를 따르던 제자들과 대중 1만 여명이 부처님의 말씀을 듣고 미래의 부처가 될 선혜를 찬양하는 소리가 천둥소리처럼 컸다는 뜻이기도 하다.

선혜는 부처님의 수기를 듣고 이렇게 다짐했다.

'그래. 내가 부처가 되면, 모든 중생들의 괴로움과 아픔의 바다를 건너는 큰 배가 되리라. 어둠을 밝히는 등불이 되고, 병들어 아픈 사람들에게는 좋은 약방문을 만들어 주리라.'

선혜는 모든 부처님들이 이루었고 부처님이 되는 10바라밀을 실천한 후 10만 아승지겁을 지내면서 다시 24분의 부처님으로부터 수기를 받고 도솔천에 태어날 업력을 얻게 된다.

■ 제석천왕과 나찰

하루는 하늘을 다스리는 제석천왕에게 천사 '환희'가 와서 여쭈었다.

"대왕이시여, 알고 계신가요? 저 사바 세상에는 어리석고 불쌍한 사람을 위해 선행을 베풀며 부처가 되길 서원하는 수행자가 있습니다. 그는 도솔천에 태어나길 서원하며 삼독심을 끊고 온갖 고통을 참으며 수행하고 있습니다."

"환희천사야, 네가 본 수행자가 '선혜'를 두고 하는 말이냐?"

"대왕이시여, 그렇습니다. 그는 오직 부처의 깨달음을 구하려고 정진하고 있습니다."

"환희야, 너의 말이 사실이라면, 선혜는 세상의 어리석고 불쌍한 사람들을 거두어 줄 것이다. 나는 지금 그에게 가서 한 가지 실험을 해봐야 하겠구나. 그가 정말 인간 세상에 부처님으로 태어날 수 있는 근기를 가진 수행자인지 보고 싶다."

제석천왕은 그 말을 마치자마자 무서운 도깨비의 얼굴을 한 나찰로 몸을 바꾸고 선혜가 수행하고 있는 히말라야 설산의 숲으로 찾아갔다.

이때, 선혜는 보리수나무 그늘에 앉아 명상에 잠겨 있었다. 제석천은 그가 앉아있는 보리수나무 위에 살며시 올라가 앉아 다음과 같은 게송을 외웠다.

'이 세상의 모든 것은 덧없나니 모든 것은 나고 끝내는 없어

지니라.'

　선혜는 제석천의 그 게송을 듣고 깜짝 놀라 그 자리에서 벌떡 일어났다. 누구일까? 누가 자신이 그동안 찾아 헤매던 궁극적인 삶의 바른 모습을 일러준 것일까? 선혜는 두리번거리고 찾다가 보리수나무 위에 앉아있는 무서운 모습의 나찰을 발견하고 물었다.
　"당신입니까? 방금 우리 중생들 삶의 모습을 게송을 외우신 분이 당신입니까?"
　"그렇다. 그 하찮은 게송이 무엇이라고 그렇게 환희에 차서 놀라는가?"
　선혜는 한 걸음 물러서서 나찰을 향해 합장 예를 올리고 감사의 눈물을 흘렸다. 그리고 간청을 했다.
　"감사합니다. 당신이 노래한 그 시는 바로 과거와 현재, 그리고 미래에 오실 부처님들이 가르치고 가르치실 진리의 말씀입니다. 간청하오니 제게 그 뜻을 말씀해 주십시오. 당신이 노래하신 그 시의 나머지 말씀을 듣고 싶습니다."
　그러자 나찰은 큰소리로 웃으며 선혜를 꾸짖었다.
　"으흐흐흐, 내게 나머지 진리의 말씀을 듣고 싶다고?"
　"예. 간청합니다. 당신은 어디서 그런 말씀을 들었는지 모르지만, 거룩한 부처님의 말씀입니다. 그 나머지 말씀을 듣고 싶습니다."
　"흠, 이 불쌍한 수행자야. 넌 내 이 모습을 보고도 내게 가르침을 청하느냐? 나는 보름동안이나 아무 것도 먹지 못하였다."
　"맹세합니다. 방금 전에 들려주신 그 마지막 구절을 알려주신다면 평생 당신의 제자가 되어 모시고 살겠습니다."

"선혜야, 네가 내 제자가 되겠다고? 나는 지금 당장 굶어 죽을 판인데 제자가 있으면 무엇을 하겠느냐? 군입만 하나 더 늘 뿐이지."

"알겠습니다. 그럼, 제가 음식을 구해오겠습니다. 그런데 무엇을 드십니까?"

그제야 나찰로 몸을 바꾼 제천왕이 입맛을 다시며 말했다.

"무서워하지 말라. 내가 즐겨먹는 음식은 바로 사람의 살코기와 뜨거운 피이다."

"예? 사람의 살코기와 뜨거운 피요?…그렇군요."

선혜는 고개를 끄덕이며 말했다.

"그럼, 제가 저의 이 몸을 드리지요."

"무엇이라? 네 몸을 내게 공양을 하겠다고?"

"예. 죽고 사는 것은 깨달음을 구하려는 수행자에게는 큰 걸림돌이 아닙니다. 저는 이 몸을 버리고 지혜를 얻어 새로운 몸으로 바뀌 태어나고 싶습니다."

"흐흐흐, 너의 그 말을 누가 믿겠느냐? 내가 너를 혹시 잡아먹을까 봐 겁이 나서 그러는 것 아니냐?"

"아닙니다. 그것은 이 세상을 주관하시는 부처님이 증명하실 것입니다."

"그렇구나. 그럼 내가 알고 있는 게송을 일러줄 테니 들어보아라."

나찰을 지난 세상 부처님이 가르치신 게송을 들려주었다. 그러자 선혜는 기쁨과 환희에 차서 말했다.

"감사합니다. 고맙습니다. 당신이 말씀하신 그 게송은 지난 세상에 오셨던 부처님들이 가르치신 게송입니다. 이제 제가 몸을 드릴 차례 이군요. 제가 저기 보이는 벼랑에서 몸을 던질 테니 제 몸이 부서지고 찢어지면 드시고 배고픔을 면하십시오."

선혜는 그렇게 말하고 바위벼랑 위로 올라가 휙 벼랑을 뛰어내렸다. 그러자 나찰은 제석천의 모습으로 몸을 바꾸고 떨어지는 선혜의 몸을 두 팔로 받아 안았다.

"아, 하늘세상을 다스리시는 제석천님!"

"그렇다. 선혜야, 갸륵하구나. 너는 반드시 다음 세상에 부처의 깨달음을 얻을 것이니라. 그때는 나뿐 아니라 하늘 세상 모두가 너의 구원을 받을 것이다."

제석천왕은 하늘나라의 천사들과 선혜 수행자에게 예배하고 하늘나라로 돌아갔다. 그리고 많은 세월이 지난 뒤 선혜는 하늘나라 도솔천에 태어났다. 그리고 인간 세상에 태어날 시기를 살피다가 북인도 히말라야산 줄기에 있는 석가족이 다스리는 카필라국에서 왕자로 태어나기로 결심한다. 그리고 코끼리 동산에 있는 탄생의 집으로 들어간다.

■ 과거에 오신 부처님

석가모니 부처님이 이 땅에 태어나시기 전에 연등부처님으로부터 '훗날 석가모니 부처님'으로 태어날 것이라는 수기를 받는데 부처님은 생전에 과거에 오셨던 부처님들을 설명하신 적이 있었다.

삼국시대 편찬된 『삼국유사』를 보면 신라의 서울 서라벌에 '과거 칠불의 가람터'를 적시한 부분이 있는데 그 부처님들이 신라에 머물면서 설법하시던 사찰로 흥륜사, 영흥사, 활룡사, 분황사, 영묘사, 사천왕사, 담엄사를 가리키고 있다. 이 주장은 16세기 위나라로 유학 가서 현창화상에게 공부한 아도화상의 어머니가 전한 것으로 본래의 뜻은 신라인들이 염원하던 불국토가 먼 곳에 있는 것이 아니라 우리가 살고 있는 이 땅이 과거 부처님이 설법하던 장소임을 설득시키며 신앙심을 돈독히 갖도록 하기 위한 방편에서 비롯된 것임을 알 수 있다.

부처님이 가르치신 내용대로 옮기면 과거칠불의 출현과 시기는 다음과 같다.

① **비바시불(毘婆尸佛)** : 과거 사람의 수명이 8만4천 세 때, 반두파제성에 태났으며, 성은 구리약, 아버지는 반두파다, 어머니는 반두파제 크샤트리아 출신이었다.

왕족으로 파파라수(波波羅樹) 아래에서 성불한 뒤 3회의 설법을 가졌는데, 1회 때는 16만 8,000명, 2회 때는 10만 명, 3회 때는 8만 명을 제도하였다고 한다. 건도와 제사라는 2명의 제자를 두고 교단을 이끌었다.

② **시기불(尸棄佛)** : 과거 장엄겁에 출현한 1,000불 가운데 제999불로서 광상성(光相城)의 왕족으로 출생하였으며, 분타리수 아래에서 정각(正覺)을 이루고 3회에 걸쳐 설법하였는데, 1회에는 10만 명, 2회 8만 명, 3회 7만 명을 제도하였다. 아버지를 명상, 어머니를 광요라고 이름하였다.

③ **비사부불(毘舍浮佛)** : 과거 31겁 때 무유성(無喩城)에서 왕족으로 출

생하였으며, 바라수(婆羅樹) 아래에서 성불하여 2회의 설법을 가졌는데, 1회에는 7만 명, 2회에는 6만 명을 교화하였다고 하였다. 크샤트리아 출신으로 성은 구리약, 아버지는 선등, 어머니는 칭계라고 하였다.

④ **구류손불(拘留孫佛)** : 안화성(安和城)의 바라문가정에서 태어나 시리수(尸利樹) 아래에서 성불하였으며, 1회의 설법으로 4만의 비구를 교화하였다. 사람의 수명이 4만세 때, 아와성에 태어났으며 바라문 출신으로 성은 가엽, 아버지는 례득, 어머니는 선지라는 이름을 가졌다.

⑤ **구나함불(拘那含佛)** : 바라문가정에서 출생하여 오잠바라수(烏暫婆羅樹) 아래에서 성도하였으며, 성을 가엽 및 파라타라고 했다. 아버지는 야섬발다(Yannayadatta), 어머니는 '울야자' 라고 하였다. 이름의 구나함은 돈, 모니는 선인의 일로, 그의 몸은 금빛이었다고 해서 이 이름이 지어졌다.

오잠파라나무 밑에서 성도해, 제1회의 설법을 가지고 3만의 비구가 아라한과를 얻었다고 하였다.

⑥ **가섭불(迦葉佛)** : 사람의 수명이 2만세 때에 급비왕의 맏이로 태어났다. 바라문 출신으로 성은 가섭, 아버지는 범덕, 어머니는 재주라고 하였다.

니그로다나무 밑에서 성도하여 첫 회의 설법에서 제자 2만 명을 제도했으며, '열반경'에도 그의 존재가 언급되어 있다.

과거 칠불설화는 불교 종파 중에 하나인 선종에서 석가모니 부처님의 심인(心印)을 전한 맥으로 표현하는데, 그 법맥에 따라 석가모니 부처님을 현생의 부처님으로 부르고 있다. 그리고 우리나라 선종 사찰에서는 과거 칠불도를 벽화나 탱화로 그려 모시고 있고, 그 옆에 이 부처님들의 오도송(悟道頌)을 기록해 놓고 있다.

■ 붓다가야의 고마타왕

석가모니 부처님이 태어나기 전의 전생담을 다룬 '자타카' 즉 '육도집경'의 내용을 살펴보면, 부처님의 조상이 되는 고마타왕에게는 일찍이 두 왕비가 있었던 것으로 나타나 있다. 고마타왕은 이 두 왕비로부터 다섯 왕자를 얻었는데, 제1의 왕비인 선현비는 둘째왕비에게서 낳은 네 왕자가 힘을 모아 자신이 낳은 첫째 왕자를 해치지 않을까 언제나 근심걱정으로 지냈다.

하루는 고마타왕이 선현비에게 물었다.

"왕비, 나라에는 수십 년간 풍년이 들고 변방에서는 전쟁이 사라진 지 80년이 넘어 온 나라의 백성들이 평화롭게 지내는데 무슨 걱정이나 있는 것이오?"

그러자 선현왕비는 자신의 마음속에 있던 생각을 말했다.

"대왕님, 이렇게 태평한 세상에 갑자기 대왕께서 세상을 떠나실 경우 우리나라는 어찌 될까 걱정이 되어 잠을 이루지 못하고 있사옵니다."

"허허 이 좋은 세상에 나라 걱정으로 잠을 이루지 못하다니?"

"들어보시옵소서. 제 기우일지는 모르지만, 제2의 왕비에게서 출생한 네 형제들이 지금은 의좋게 지내고 있지만 부왕이 유고시에 형인 장수태자를 내치고 저들이 왕위에 오르려고 한다면 우리 궁중에서는 형제들끼리 피비린내 나는 싸움을 벌여야 할 것입니다. 저는 그게 걱정이옵니다."

"허허, 괜한 걱정이오. 내 사랑하는 자식들은 절대 그런 동족상잔의 다툼은 없을 것이오."

"마마, 아니옵니다. 다시 한 번 굽어 살펴보소서! 대왕께서 허락하신다면 저와 장수태자가 이 궁성을 떠나 길지를 찾아 떠나서 따로 살까 하옵니다. 그것이 왕실의 안녕을 지키고 형제간의 우의를 오래도록 유지하는 방편일 듯합니다."

"허허, 이 무슨 말도 안 되는 상상을?. 안되오. 맏이가 왕권을 이어받는 것은 우리 고마타 왕가의 전통일 뿐 아니라 동생들도 이미 태자가 왕위에 오를 것이라는 것을 누구도 부정하지 않는 사실이오."

"마마, 모든 일이 그리 순탄하게만 이뤄진다면 얼마나 고맙고 즐거운 일이겠습니까? 부왕도 이제 늙으셨고 자식들은 혈기왕성하여 모두가 기백이 넘치고 슬기롭습니다. 특히, 백성들도 둘째 왕비에게서 낳은 거면이나 금색태자를 따르는 이들이 많으니 반란을 일으킨다면 상상도 할 수 없는 일이 발생할 수 있사옵니다. 굽어 통촉하여 주소서."

고마타왕이 가만히 생각해보니 둘째왕비에게서 낳은 네 형제들이 유독 사이좋게 지내고 맏이인 장수태자를 멀리하는 것을 보고 자식들을 편전으로 불러모았다. 그리고 왕비와 그가 근심스럽게 생각하고 있는 이야기를 들려주었다.

그러자 금색왕자가 앞으로 나서며 말했다.

"아바마마, 장수 형님이 나라를 다스리는 것은 이미 결정된 일이옵니다. 아바마마의 사후가 걱정되어 그리 생각하신다면 저희 네 왕자가 붓다가야를 떠나 아직 나라가 서지 않은 땅을 찾아서 새 나라를 세우겠습니다."

"고맙다. 너희 네 형제가 힘을 모아 나라를 새로 세운다면 훌륭하게 다스려 나갈 수 있을 것이다."

마침내 고마타왕의 네 아들 거면, 금색, 상중, 별성태자는 자신을 따르는 백성들을 이끌고 두 달을 여행하다가 히말라야 산줄기를 따라 넓게 펼쳐진 기름진 땅을 발견하였다. 그리고 강물을 사이에 두고 성을 쌓고 카필라 선인이 수행하던 장소라는 이름을 따서 카필라국이라고 명명하였다.

소식을 들은 고마타왕은 크게 기뻐하며 소리쳤다.

"석가! 정말 내 아들답도다!"

산스크리스트어로 '석가'란 '훌륭하다!'는 뜻으로 네 왕자들은 부왕이 크게 기뻐하셨다는 말을 전해 듣고 그들의 부족이름을 '석가(샤카)'로 부르기로 하였다.

형제들은 그들이 수백 년을 익히고 전수해 온 농업 기술로 시냇가에 보를 쌓고 물길을 연장하여 논밭을 일구고 짐승들을 길들여 나라를 세운지 30여 년 만에 '카필라국'을 주변에서 가장 강력한 국가로 발전시켰다. 카필라국은 150여년 가까이 평화를 구가하며 맏이인 거면이 세상을 떠난 뒤에는 금색이 금색이 죽은 뒤에는 상중이 차례로 왕위에 올랐으며, 막내인 별성태자가 왕위에 올라 26년간 나라를 다스렸다.

그리고 그의 아들과 손자들이 다시 130여 년을 다스리다가 그의 후손으로 지금으로부터 2700여 년 전에 사자협왕이 태어난다. 이 사자협왕의 아들이 바로 석가모니 부처님의 속가 아버지인 정반왕이다.

석가모니 부처님의 성씨 앞에 '고마타'라고 부르는 것은 석가족의 본성을 뜻하는 것이며 선조인 붓다가야국 고마타왕의 성을 따른 것이다.

이 부처님의 축약된 생애는 부처님의 입멸이후 1차 경전의 결집이 이루어진 뒤 5백여 년이 지난 뒤 불교시인 아슈바고샤에 의해 체계 있게 정리된 것을 오늘의 전기형식을 빌어 다시 정리한 것이다.

부처님의 보살행은 '육도집경'에 기록되어 있지만, 이 전생이야기를 통해 윤회의 실상이 설명되고 연기설과 불교내세관이 정립되어 있어 불교를 깊이 있게 배우려는 사람들은 한 번쯤은 읽어봐야 할 경전이기도 하다.

2. 석가모니 부처님의 탄생

■ 성탄지 룸비니동산

　북인도 히말라야 탈라이분지 기름진 땅에 일명 '태양의 자손'이라고 불리는 석가족이 나라를 세우고 살고 있었다. 기후는 온화하고 한발이 없어 언제나 농사는 풍요로웠고, 이웃하고 있는 코오살라국과는 동맹을 맺어 백성들은 전쟁도 없이 행복한 생활을 누리고 있었다.

　나라의 이름은 옛날 '카필라'라는 선인이 수행하여 대각을 이루었다는 사슴동산을 중심으로 성을 쌓고 카필라라고 명명하고, 의회주의 민주제도를 수립하여 건국이후 310년 동안 다툼이 없었다. 국왕은 정갈한 쌀죽이라는 이름의 '정반왕'이었고, 정반왕의 왕비는 이웃 코살라 국에서 시집온 마야왕비였다.

　그런데, 정반왕의 나이 50세가 되도록 왕손이 태어나지 않아 걱정하던 차에 권농일 행사를 마친 어느 해인가 마야왕비가 여섯 개의 상아와 하얀 연꽃 한 송이를 코로 말아 쥔 흰 코끼리가 자기 몸으로 들어오는 꿈을 꾼다. 그 꿈과 함께 왕비는 태기를 갖는데, 정반왕은 나라의 국사를 불러 해몽을 부탁하고 나라 안에서 존경받는 스님 64명을 초대하여 잔치를 베푼다.

궁궐에 들어온 스님들은 왕비가 아기를 가진 시기와 꿈을 종합하여 다음과 같이 결론을 낸다.

"이 꿈은 왕자아기를 잉태하신 꿈이옵니다. 아기는 왕위를 계승하면 세계를 통일할 수 있는 전륜성왕이 되실 것이옵니다. 하지만, 만물의 이치를 깨우쳐 성자가 되려고 하신다면 이 땅위에 더없는 복을 가진 부처님이 되실 것이옵니다."

"무엇이라? 부처님?"

"예, 대왕이시여. 왕자님이 집을 떠나 진리를 깨우치려 하신다면 분명 부처님이 되실 것입니다."

"아, 한 나라의 왕보다도 더 큰 지위인 부처님이 된다는 말에 왜 이렇게 가슴이 뛰는지 모르겠구나. 그럼, 이 나라는 누가 다스린단 말이냐?"

정반왕은 스님들의 예언을 듣고 한편 기쁘지만, 한편으로는 장차 카필라국의 미래에 대한 걱정이 컸다.

해가 바뀌어 카필라성에도 봄이 찾아왔다.

인도의 풍습에 여자들은 아기를 낳을 때 친정에 가서 낳았기 때문에 마야왕비는 친정으로 가서 왕자를 낳을 준비를 하였다.

정반왕도 신하들을 시켜 카필라 국에서 코올리성으로 가는 길을 깨끗이 정비하도록 명령하였다. 마침내 길이 말끔하게 정리되고 왕비는 시종들과 시녀들이 이끄는 마차를 타고 친정으로 가게 되었다. 꽃바람은 일렁이고 나비들은 마차가 가는 길을 나풀거리며 뒤따랐다.

룸비니동산 무우수

왕비를 태운 마차가 카필라성과 코올리성 사이 중간 지점인 사슴동산에 이를 무렵 이 꽃동산에는 아름다운 꽃들이 활짝 피어 바람이 불 때마다 꽃들이 나비 떼처럼 쏟아져 내렸다. 경전에 나오는 룸비니동산이다.

룸비니동산은 당시 카필라성에서는 15마일 정도 떨어진 곳이었고, 지금은 인도 국경에서 약 9.6㎞, 네팔의 서부 국경 하리와에서는 서쪽으로 19㎞ 지점에 위치하고 있는데, 이 부처님의 성탄지가 발견된 것은 1896년에 일이다. 이때 인도 통일국가인 마우리왕조의 3대 임금인 아쇼카왕이 부처님의 탄생지를 기념하기 위해 기원전 2세기에 '즉위 20년 만에 찾아와 예배하며 이 석주를 세운다' 는 비문이 새겨진 석주를 발견하면서 그 실체가 드러난 곳이다.

카필라성 남문터

"아, 정말 아름다운 꽃동산이로구나. 애들아, 저 사슴동산에서 조금만 쉬었다가 가자구나."

"예. 마마!"

시녀들은 꽃나무 아래 휘장을 두르고 의자와 소파를 내려 왕비가 편히 쉴 자리를 마련하였다. 말과 코끼리에게는 물과 풀을 먹이고 호위 군사들에게도 잠시 휴식이 주어졌다.

바로 그때 왕비가 아기를 낳으려는 산통이 시작되었다.

왕비는 곁에 있는 나뭇가지를 잡았다. 한 가지에 일곱 송이의 꽃이 조롱조롱 피어있는 꽃가지였다. 잠시 후, 왕비는 그 꽃가지를 오른손으로 잡은 채 서서 아기를 낳으셨다. 그런데 신기하게도 보리수나무 사이로 두 줄기의 물이 솟아나왔다. 물을 데우지도 않고 아기를 씻길 정도로 따뜻한 물이었다. 하늘에서는 작은 천둥소리와 함께 맑은 새소리와 오색영롱한 빛이 쏟아져 내렸다

그 기적과 같은 사실을 보고 궁녀들과 병사들은 놀라서 입을 다물지 못했다. 그런데 더 이상한 일은 갓 태어난 아기가 빙그레 웃더니 동쪽으로 일곱 걸음을 옮기며 오른손은 하늘을 왼손은 땅바닥을 가리키며 낭랑한 목소리로 외치는 것이었다.

'하늘 위와 하늘 아래에서 내가 홀로 높다.
이 세상이 모두 괴로움에 잠겨있으니
내가 이를 평안하게 하리라.'

아기는 이렇게 외치고 여느 아기들처럼 '앙!' 하고 울음을 터트렸

다. 마야왕비와 궁녀들은 너무도 놀랍고 신기한 나머지 어리둥절한 표정으로 아기를 바라보았다.

시종장이 소리쳤다.

"어서 왕비마마와 왕자아기를 가마에 모셔라!"

그제야 궁녀들은 정신을 차리고 아기를 강보에 감싸 안아 요람에 모시고 왕비가 목욕을 마치시자 새 옷을 입혀드린 후에 가마를 돌려 카필라성으로 돌아갈 차비를 하였다.

이때 코올리성의 성주이자 마야왕비의 아버지인 선각대왕은 새로 지은 천비성에서 딸을 기다리다가 마야가 건강한 왕자를 낳았다는 소식을 듣고 몇몇 시종들만 거느린 채 급히 말을 몰아 달려오셨다.

"오, 내 딸 마야야, 네가 그토록 기다리던 카필라국의 왕위를 이어갈 왕자를 낳았구나. 장하구나. 고맙다. 축하한다."

선각대왕은 왕자와 마야왕비를 태운 마차를 호위하여 함께 카필라성으로 향했다. 정반왕은 성문을 모두 열고 망루의 종을 쳐서 아기왕자 탄생을 백성들에게 알렸다.

"만세! 만세! 카필라의 왕자님이 탄생하셨다! 미래의 왕께서 탄생하셨다!"

소식을 들은 성안 백성들은 꽃과 향기로운 향유를 들고 나와 아기왕자와 왕비를 태운 마차를 향해 뿌리며 왕자탄생을 기뻐했다.

이때 카필라성(카필라 바투)에서 멀지않은 향나무 숲에 '아시타' 라는 선인이 수행하고 있었다. 그는 사월초파일 아침 구름 속에서 들려오는 풍악소리를 듣고 명상에서 깨어났다. 그리고 멀리 룸비니동산으로 오색영롱한 무지갯빛이 하늘에서 쏟아지는 것을 보고 위대한 인물이 탄생하였음을 알고 왕이 계신 궁궐을 향해 경건히 예배를 하였다.

'이것은 이 나라의 복이로다. 어서 궁궐에 들어가 축하를 해야 하겠다.'

■ 아시타선인의 눈물

아시타선인은 궁궐로 정반왕을 찾아갔다.

선인은 기쁜 마음으로 합장예로 왕자의 탄생을 축하했다.

"카필라국의 오랜 염원이 이루어졌습니다. 대왕이시여, 경하 드립니다. 왕자아기씨의 탄생을 축하드립니다."

"어서 오십시오. 선인이시여!"

"대왕이시여. 소승이 향산의 동굴에서 명상에 잠겨 있었습니다. 그런데, 불을 켜지도 않았는데 등불이 저절로 타오르고, 하늘세상의 음악소리가 들려왔습니다. 이것은 분명히 이 세상을 밝게 비추실 거룩한 분의 탄생을 뜻하는 것이었습니다."

마야왕비가 선인에게 부탁을 하였다.

"아시타 스승님, 이렇게 오셨으니 우리 왕자의 미래를 알려주십시오."

선인은 왕자의 덕상을 살펴본 후에 손을 모아 예배하고 몸을 떨며 흐느껴 울었다. 정반왕이 놀라서 물었다.

"아시타 선인이시여, 선인은 무슨 까닭으로 왕자를 보시고 울고 있는가? 혹시 우리 왕자에게 좋지 않은 일이라도 있어서인가?"

"대왕이시여, 아닙니다. 아무런 허물도 없습니다. 왕자님은 온 세계를 다스릴 전륜성왕도 갖추지 못한 부처님만이 지닌 서른두 가지 성인의 모습을 갖추고 있사옵니다. 왕자님은 장차 출가하시어 부처가 되실 것이옵니다. 왕이시여 경하 드립니다."

"뭐라? 부처님? 우리 왕자가 부처가 된다고?"

마야왕비가 다시 물었다.

"그런데, 선인께서 우신 까닭은 무엇입니까?"

"왕비님, 저는 이미 늙었습니다. 저는 이미 백 살이 가까운 늙은이입니다. 저의 목숨은 아침 이슬과도 같고 저녁의 안개와도 같습니다. 왕자님이 성도하시어 부처가 된 모습을 뵐 수가 없고 그 가르침을 듣고 구원을 받을 수도 없습니다. 그것을 생각하니 인연의 박복함을 느끼고 슬퍼 울었사옵니다."

정반왕 내외는 갓 태어난 왕자가 온 세상을 다스리는 정륜성왕도 아닌 부처가 된다는 예언에 불안한 마음을 감출 수가 없었다. 그러나 부처의 덕상을 갖춘 인물이라는 말에 큰 위안을 얻었다.

아시타 선인은 국왕으로부터 많은 공양물을 받았지만 사양하고 향산으로 돌아와 자기 곁에서 수발을 들고 있는 어린 조카를 불러 앉히고 말했다.

"난타야, 내가 죽고 카필라성의 왕자님이 정각을 이루고 진리의 길을 가르친다는 말을 듣거든 너는 망설이지 말고 달려가 제자가 되어 전법포교에 앞장 서거라."

"예, 삼촌!"

이 어린 아시타 선인의 조카가 바로 훗날 불교교단의 상수 제자가 된 '난타'이다.

왕자가 탄생한지 5일째 되던 날, 정반왕은 손수 왕자의 머리를 씻겨주고 장차 카필라국을 이끌어갈 왕세자로 세자 책봉식을 봉행하려고 했다.

그래서 전국에서 초대된 108명이 스님들이 이미 이틀 전에 궁전에 도착해 있었고, 그 중에 여덟 명의 스님을 뽑아 먼저 왕자의 이름을 짓게 하였다. 그 스님들은 왕자가 탄생할 때의 기적을 떠올리고는 '모든 것이 이루어진다'는 뜻의 '싯다르타'라고 명명하였다.

정반왕 내외는 크게 기뻐하였고 왕은 전국에 왕세자 책봉소식을 전하게 하였다. 그리고 감옥의 모든 죄수들을 석방하고 가난한 백성들에게 옷과 곡식을 나눠주게 하였다. 그러나 그 기쁨도 잠시뿐, 왕실과 백성들은 슬픔에 잠겨야 했다. 그것은 왕자를 낳으신 마야왕비가 산후후유증으로 갑자기 세상을 떠나셨기 때문이었다. 마야왕비가 국왕과 동생인 세자의 이모 마하파자파티를 불러놓고 말했다.

"마마, 저는 도솔천에 살다가 이 땅에 태어난 것은 오직 보살 '싯다르타'를 낳기 위해서였습니다. 이제 그 소원을 이루고 세상의 인연을 거두려하오니 슬퍼하지 마십시오."

"왕비, 이 행복한 때에 어찌 그 같은 말씀을 하신단 말이오. 어찌 어린 왕세자를 강보에 두고 떠나신단 말이오. 어서 정신을 차리시오."

"마마, 변하는 것은 인연을 따라 모아졌다가 인연이 다하면 헤어지는 것입니다. 이 모두가 과거 세상에서부터의 인연입니다. 어린 세자는 이모에게 맡겨 양육을 부탁하세요."

왕비는 말을 마치고 조용히 눈을 감았다. 싯다르타 왕자를 낳은 지 꼭 1주일 만이었다. 왕비를 잃은 정반왕의 슬픔은 이루 말할 수 없었다.

백성들의 존경과 사랑을 한 몸에 받아오던 왕비의 서거는 카필라 국민들에게도 커다란 슬픔이었다. 많은 사람들이 음식을 잊고 왕비의 서거를 슬퍼했다.

정반왕은 예의를 갖춰 마야왕비의 장례를 치렀다. 그리고 왕자의 이모인 마하파자파티를 왕비로 책봉하고 마야왕비의 유언대로 세자 싯다르타를 보살피게 하였다.

■ 슬기로운 왕자

태어나자마자 어머니를 잃은 싯다르타 왕자는 이모인 마하파자파티의 보살핌 속에 자랐다. 이모는 훗날 부처님이 열반에 들 때까지 곁에서 모신 아난다와 공주 하나를 더 낳았다. 그러나 왕세자를 보살피는 데는 차별 없이 조금도 소홀함이 없었다.

싯다르타가 8살이 되자 부왕인 정반왕은 언어학의 권위자인 '비사바밀다라'와 무술의 일인자인 '찬제바'를 궁궐학교에 초청하여 64가지의 언어와 29가지의 무술을 가르치게 하였다. 그런데, 왕자의 학습 능력은 뛰어나서 채 1년이 되기 전에 학습 자료로 준비했던 목표를 모두 이해하여 그의 스승이 놀라 부왕에게 다른 스승을 만나게 해 줄 것을 부탁할 정도였다.

정반왕이 혹시나 해서 왕실의 공부방으로 찾아와 그동안 배운 몇 가지를 질문했는데 거침없이 이야기할 뿐 아니라 그 배움을 통해 일어날 수 있는 여러 가지 정황을 빗대 사례에 대한 보기도 이야기할 정도였다.

"흐흠, 네가 정녕 이 내용을 확실히 이해하고 있단 말이냐? 건성건성 읽는 것이 아니고?"

"부왕이시여, 우주만유가 하나의 그릇이온데 그 그릇 속에 담긴 사물을 참구하는 것은 어려운 일이 아니옵니다."

"그래. 칼이나 활쏘기 창을 던지는 무기를 다루는 공부에는 소홀함이 없느냐?"

"부왕이시여, 무기를 다루는 일은 방어와 공격의 개념과 회피 동작만 잘 익히면 더 이상 배울 것이 없습니다."

정반왕은 왕자의 훈육에 더 이상 간여하지 않아도 바르게 자랄 것이라는 확신이 섰다. 그러나 가끔 석가족 친구들과 궁궐 밖으로 나갔다가 온 뒤로 방안에 가만히 앉아 명상에 잠긴 모습을 본다는 스승 '비사바밀다'의 이야기를 듣고는 아시타선인의 예언처럼 싯다르타가 부처의 모습을 갖춰가는 것은 아닐까 불안감이 들기도 했다.

그 다음해 봄, 정반왕은 권농일 행사에 '싯다르타' 뿐만 아니라 석가족의 다른 궁성의 왕자들을 데리고 참석하였다. 일 년 농사의 축복을 빌고 국왕으로서 하늘과 곡식의 신들에게 풍요로운 수확을 비는 행사였다.

농부들은 소를 몰고 와서 쟁기를 메워 밭을 갈거나 논에 물을 넣고 소에게 멍에를 씌워 써레를 끌게 하였다.

"정말 화창한 봄이로구나. 올해 농사는 풍년이 들겠어."
"예. 비도 알맞게 내려 산천초목이 싱그럽습니다."
모두가 왕이 지켜보는 축제행사라서 흥에 겨워 북을 치고 피리를 불며 즐거워했다. 그런데 싯다르타는 논두렁에 서서 농부가 써레질을 하는 뒤를 따르며 장구벌레와 개똥벌레, 흙속에 숨어있던 물고기들을 잽싸게 쪼아 먹는 해오라기들을 지켜보고 있었다. 그러다가 밭을 가는 농부를 보았다. 햇볕에 검게 그을리고 주름살이 깊은 농부는 채찍을 휘두르며 소를 몰아갔다.

'저 소는 힘들게 왜 일을 하면서도 맞아야 하는가?'

소가 쟁기로 헤치고 간 밭고랑에는 찌르레기와 까치, 두루미가 총총거리고 벌레를 잡고 있었다. 그리고 하늘을 날아오르자 어디서 날아왔는지 새매가 벌레를 물고 날아오르는 찌르레기를 낚아채서 날아갔다.

'먹고 먹히는 세상이라? 인간의 삶도 저런 것일까?'

싯다르타는 그 광경을 지켜보면서 온 세상이 약육강식의 세상에 놓여 있다는 것을 느꼈다. 그는 슬픈 얼굴로 부근의 나무숲으로 들어가 가부좌를 틀고 앉았다.

'벌레는 왜 새에게 잡혀야 하고 새는 왜 새매에게 다시 잡혀야 하는 것일까? 그리고 소는 힘든 일을 하면서 왜 채찍을 맞아야 하며 농부는 힘든 일을 하고도 왜 저렇게 헐벗고 살아야 할까?'

싯다르타 왕자는 권농일 행사가 모두 끝나고 시종장이 왕세자의 행방을 찾아 나설 때까지 명상에 잠겨 있었다. 시종들이 숲에서 명상에 잠겨 있다는 이야기를 들은 정반왕은 한걸음에 다가와 슬픈 얼굴로 왕세자를 불렀다.

"세자야, 무엇을 생각하고 있느냐? 이제 궁성으로 돌아가자!"
"예. 아바마마!"
"그런데, 넌 무엇을 그리 골똘히 생각하였더냐?"
"예. 온 세상이 슬픔과 괴로움에 고통스러워하고 있어 그 해결방안은 없을까 생각하였습니다."
"그것은 이 세상에 태어난 모두가 겪는 일이고 자연의 법칙이다. 약한 자는 멸하고 강한 자만이 살아남는 것이다. 이것이 땅을 딛고 살거나 물속에 살거나 하늘을 나는 날짐승도 함께 겪는 살아남기 위한 처절한 수단이다."
"아버님, 이것은 과거 세상에서 지은 죄업으로 거듭 고통스러운 삶을 받아 태어나기 때문입니다. 태어남이 없는 결과가 있다면 그를 위해 부단한 노력을 해야 합니다."
"세자야, 너는 세상의 나쁘고 괴롭고 슬픈 일을 보지 말고, 기쁘고 즐거운 모습만 보고 살도록 하여라. 내가 너에게 그 행복과 자유를 모두 상속하겠노라."

정반왕은 말을 그렇게 하면서도 착잡하기 그지없었다. 이시타 선인의 말처럼 왕세자가 출가하여 부처가 된다면 카필라국의 미래는 장차 어찌 될까 늙어가는 왕으로서 생각해보지 않을 수 없었다.

궁궐로 돌아온 정반왕은 이름 있는 스님을 불러 자신의 걱정스런 생각을 들려주었다. 그러자 그 승려는 거침없이 왕에게 말했다.

"마마, 아뢰옵기 황송하오나 왕자님은 사람들의 네 가지 모습을 보고 출가를 결심하실 것입니다."

"뭣이라? 네 가지 모습?"

"예. 그 네 가지 모습이란 늙고 병든 사람, 죽은 사람과 수행하는 사람을 말합니다. 혹여 부왕께서 왕세자의 출가를 막으실 요량이면 이 네 가지를 왕세자가 보지 않게 하셔야 할 것이옵니다."

정반왕은 그 스님이 물러가자 신하들을 불러 궁궐 주변에서 그와 같은 네 가지 모습을 하고 있는 사람이 눈에 뜨지 않게 하라고 명령하였다. 그래서 궁전에 사는 아픈 사람은 강제로 밖으로 나가 살게 하였고, 죽음을 앞두고 있거나 노인들은 궁궐 멀리 집을 지어 옮겨 살게 하였다. 하지만, 수행자의 걸식을 막을 방법이 없어 그들은 궁전 출입을 허용하였다. 세 가지만 막아도 왕자의 출가를 막을 수 있다고 생각했기 때문이었다.

싯다르타는 그렇게 정반왕의 계획된 공간과 주변 환경을 보고 의젓한 청년으로 자라났다.

■ 아름다운 야쇼다라 공주

싯다르타는 그의 어진 마음씨로 인해 모든 이들의 사랑을 받으며 의젓한 청년이 되어가고 있었다. 하지만 정반왕은 싯다르타의 고요하고 밝은 얼굴을 볼 때마다 걱정스런 마음이 고개를 들었다.

'세자는 나이에 비해 너무 감수성이 예민하다. 그가 위대한 왕이 되길 바랐는데 정치보다는 정원에 혼자 앉아서 사색하기를 더 좋아하니 이대로 두면 궁성을 떠나 성자의 길을 따르게 될까 두렵구나.'

정반왕은 그가 가장 신임하는 신하들을 불러 마음속의 생각을 말했다.

"마마, 왕자가 아직 이 세상에 아무 것에도 애착을 갖지 않기 때문입니다. 새 궁성을 지어주고 세자비를 맞게 하심이 좋을 듯합니다."

"세자비라? 흠, 그것도 좋은 생각이로구나. 계절마다 옮겨 다니며 살 수 있는 궁전을 지어주면 좋겠지?"

정반왕은 카필라성 가까이에 세 개의 아름다운 궁전을 짓게 했다. 그리고 예쁜 궁녀들을 뽑아 세자를 모시게 하고 그 궁전에는 세자 이외의 남자는 누구도 들어가지 못하게 하였다. 싯다르타는 얼마동안 궁전을 옮겨 다니며 노래와 춤을 즐기며 행복해 하였다. 하지만, 이러한 유희도 잠시 백성들은 왕자가 춤과 오락에만 몰두하여 무예를 닦지 않으니 장차 전쟁이라도 일어난다면 어떻게 군사들을 거느리겠느냐고 걱정하는 소리를 내기 시작하였다. 그 소리는 왕의 귀에까지 들어가게 되었다.

하루는 왕이 세자를 찾아가 말했다.

"싯다르타야, 백성들의 기대에 어긋나지 않도록 행동을 하여라. 공부를 할 때는 공부를 하고, 무예를 연마할 때는 무예를 열심히 닦고, 특히 무술연마는 우리 석가족 왕자들이라면 소홀히 할 수 없는 일이니라."

"아바마마, 걱정하지 마옵소서. 그 일이 걱정이 되신다면 무술대회를 열어주십시오. 제가 틈틈이 연마해 온 무예를 보여드리겠사옵니다."

"그래? 정녕 그 말을 믿어도 되겠느냐?"

"예. 아바마마."

세자의 장담을 믿고 정반왕은 젊은이들만이 참가하는 궁중 무술대회를 열었다. 이 대회에서 싯다르타는 칼 쓰기, 창 던지기, 활쏘기 등 12가지의 무예를 겨루어 당당히 우승을 차지했다. 아무도 그의 무예를 능가하는 사람이 없었다. 정반왕과 신하들은 자신들의 기우가 쓸데없는 걱정이었다고 입을 모았다. 그리고는 석가족의 명예와 카필라성의 장래를 위해 세자비를 맞아야 한다는 주장을 했다. 정반왕이 세자에게 물었다.

"싯다르타야, 이제 마음이 놓이는구나. 너도 의젓한 청년으로 자랐으니 장차 이 나라의 국모가 될 세자비를 간택하려고 하는데 네 뜻은 어떠하냐?"

"세자비요? 아바마마 뜻대로 하옵소서!"

정반왕은 대신들의 의견을 다시 물었다.

"그대들은 어느 집안에서 세자비를 간택해야 할지 의견을 말해 보아라!"

"마마, 카필라 장자의 딸 '고피카'가 세자비로 적당한 인물이라 여겨지옵니다."

"고피카라?"

그는 싯다르타보다 네 살이나 나이가 많은 처녀였다. 어릴 때부터 총명하고 얼굴이 고와 마야 왕비가 일찍이 세자비로 점찍고 있던 처녀였다.

이 무렵, 싯다르타는 시녀장으로부터 오래전 세상을 떠나신 어머니에 대한 비밀을 듣게 되었다.

"어머니가 나를 낳으시고 '산후후유증'으로 돌아가셨다고? 나 때문에 어머니가 귀한 목숨을 내 놓으셨구나."

싯다르타는 자신의 탄생으로 목숨을 잃은 어머니에 대한 그리움이 커져만 갔다. 그래서 노래와 춤도 싫증이 났고 예쁜 궁녀들의 속삭임도 귀찮게만 생각이 되었다.

싯다르타가 아름다운 신부를 맞이하고도 침울해 하는 날이 많아지자 왕비는 고피카가 애교와 매력이 없어 세자가 싫어한다고 생각하고, 얼마 뒤에 '미가자'라는 처녀를 신부로 다시 맞이하게 하였다. 그러나 '미가자'는 너무 천진난만하여 싯다르타의 고민을 풀어줄 상대는 아니었다.

세자가 사색에 잠기는 날이 많아지자 정반왕은 전국에 왕세자비를 간택한다는 포고령을 내리고 '용모가 아름답고 지혜와 어진 마음씨를 가진 처녀를 추천하라.'고 지방 수령들에게도 통지를 하였다.

그런 어느 날 궁녀들의 예법을 가르치던 나이든 내관이 마하파자파티 왕비를 찾아와 말했다.

"마마, 코올리성의 궁주 중에 선각왕의 자손 중에 '야쇼다라' 공주가 총명하고 지혜가 출중하다는 소식입니다. 그를 세자비로 맞이하옵소서."

"'야쇼다라'라고?"

왕비는 지혜 있는 궁녀들을 뽑아서 우선 선각왕의 공주 야쇼다라를 만나게 하였다. 그들은 공주가 사는 궁전으로 가서 열흘 동안 머무르면서 공주의 사람 됨됨이를 관찰하고는 백성들의 어머니가 될 교양을 갖추고 있다고 판단을 했다.

그러나 선각왕은 며칠을 망설인 끝에 정반왕을 찾아와 난처한 얼굴로 말했다.

"대왕이시여, 왕세자가 훌륭한 청년인 줄은 아오나 다른 나라의 왕자들도 제 딸 야쇼다라와 결혼하기를 원하고 있습니다. 그래서 그 청년들과 무예를 겨루어 이긴다면 기꺼이 제 딸을 싯다르타 왕자에게 시집을 보내도록 하겠습니다."

"그거야 반대할 수 없는 일이지요. 왕세자도 그런 제안이라면 거절하지 않을 것입니다."

그래서 코올리성 선각궁주의 성에서 야쇼다라 공주와 결혼을 전재로 한 무술경기대회가 열리게 되었다. 이때 북인도 18부족의 왕자들이 수많은 시종들을 거느리고 선각왕의 궁전 마당으로 찾아왔다. 그리고 16개 종목의 경기를 겨루었다.

경기가 치러지는 6일 동안 보는 이들은 손에 땀을 쥘 정도로 긴장의 순간들이 지나갔다. 마침내 마지막 날 대회에는 사촌인 '데바닷다'와 '싯다르타' 두 사람만 남게 되었다.

"싯다르타 형님, 제가 형님을 꼭 이겨내고야 말겠습니다."

"그래? 최선을 다해라. 나도 열심히 할 터이니?"

"알았습니다. 결승경기이니만큼 저는 양보하지 않을 것입니다."

"그래."

마지막 날에는 말 타기였다. 싯다르타는 전 종목에서 우승을 하고 선각왕이 우승자를 호명하는 순간 야쇼다라 공주는 시상대에 함께 올라 부부의 예를 올렸다.

경기에 참가했던 왕자들과 백성들은 우레와 같은 박수와 함성으로 축하의 인사를 보냈다.

3. 구도의 길

■ 사문유관(四門遊觀)

무술대회를 통해 당당히 야쇼다라를 아내로 맞은 싯다르타의 생활은 행복과 희망이 넘쳐보였다. 특히, 아내인 야쇼다라와의 사이는 궁녀들도 질투를 느낄 정도로 각별하였다.

정반왕은 싯다르타의 이러한 모습을 보고 만족해하며 정성을 다해 모시라고 시종들에게 지시하였다. 그러나 세자의 생활은 겉으로는 즐겁고 행복스럽게 보였지만 마음은 언제나 어둡고 우울하였다.

어느 날 궁성의 망루에 올라가 새 떼들이 우르르 숲속으로 날아가는 것을 지켜보다가 문득 궁궐 밖으로 나가보고 싶은 충동을 느꼈다. 마부 찬타카에게 말했다.

"찬타카야, 갑자기 성 밖으로 나가보고 싶구나. 말을 준비하여라."

"내일 일찍 나서실 수 있도록 준비하겠사옵니다."

정반왕에게서 세자가 성 밖으로 나가지 못하게 하라는 명령을 받고 있던 시종은 먼저 왕에게 이 사실을 고하였다.

"뭣? 세자가 성 밖을 나가려고 한다고? 알았다."

정반왕은 급히 병사들에게 일러 거리를 청소하게 하고 세자가 지나는 길에 노인과 병든 사람, 죽은 사람과 집을 나와 수행하는 사람의 모습이 보이지 않게 하라고 은밀하게 일렀다.

다음날 아침 싯다르타는 하얀 연꽃 수레에 올라 동쪽 성문을 나섰다. 숲을 지나 녹색의 들판이 펼쳐진 아름다운 정원이 나타났다.

"아, 정말 싱그러운 풍경이로구나. 진작에 성을 나와 저 푸른 자연과 함께 했어야 했거늘…."

마차가 작은 마을을 지날 무렵, 길목에 초라한 모습의 노인이 쓰러질 듯 비틀거리며 걷는 사람을 보았다. 세자는 마차를 멈추게 하고 그 노인 앞으로 걸어갔다. 늙어 주름이 진 얼굴과 하얗게 센 머리와 허리는 굽어 지팡이에 몸을 의지하고 있었다.

"그대는 누구인가? 어찌하여 이렇게 비참한 모습을 하고 있느냐?"

"왕자님, 저는 늙어 쓸모없는 늙은이이옵니다. 옛날에는 젊고 기운이 넘쳤지만, 점점 쇠약해져서 이제 몸조차 스스로 가누기가 어렵습니다. 이제 모습이 추해져서 함께 살던 가족들마저도 싫어해서 집을 나와 걸식하며 살아가고 있사옵니다."

싯다르타는 참혹한 그 모습을 보며 다시 물었다.

"노인이여, 저도 그럼 젊음이 다하면 당신과 같이 늙게 됩니까?"

"그렇습니다. 누구든 늙는 것을 피할 수 없지요. 왕자님이나 대왕이시라도 피할 수 없습니다."

'아, 나이가 들면 피할 수가 없구나. 그러한 고통을 피할 방법은 없단 말인가?'

그 일이 있은 얼마 후에 이번에는 남쪽 성문으로 나갔다. 이번에도 정반왕은 거리를 말끔히 청소하게 하고 거리에는 색색의 깃발로 아름답게 장식하도록 하였다. 네 마리의 하얀 말이 이끄는 수레가 골목을 돌아 사잇길로 접어들었을 때였다. 나무 밑에 쪼그리고 있다가 힘겹게 몸을 숨기려는 남자를 보았다.

싯다르타는 말을 멈추게 하고 시종에게 그 남자를 불러오게 하였다.

그 남자가 비틀거리며 왕자의 앞으로 인도되었다.

"그대는 무슨 이유로 그토록 고통스러워하느냐?"

"왕자님, 저는 병이 들어 집에서 나와 병이 완치되기를 기다리며 살고 있사옵니다."

"병이 들다니? 왜 병이 든단 말이냐?"

"왕자님, 사람은 누구나 나이가 들거나 몸이 허약해지면 건강한 몸이 허물어져 병이 들어 고통 받습니다. 누구도 피할 수 없는 일입니다."

'그렇구나. 사람이면 누구나 늙고 병이 들어 고통을 받게 되는구나. 나는 왜 이 나이가 되도록 그러한 사실을 알지 못하고 있었을까?'

싯다르타는 소리 없이 흘러내리는 눈물을 감추고 마차를 돌려 궁궐로 돌아왔다. 그리고 명상에 잠겨 늙고 병들어 고통 받는 인간사의 안타까움을 어떻게 해결할 수 없을까 고민하였다. 하지만, 고민할수록 더욱 의문만 커졌다.

한 달 후, 이번에는 궁궐의 서쪽 문을 나가보기로 했다. 그런데 공교롭게도 왕자는 상여를 메고 가는 장례행렬을 만나게 되었다. 그리고 그 상여를 따르며 손등으로 눈물을 훔치는 가족들을 보았다. 싯다르타가 시종에게 물었다.

"찬타카야, 저 사람들이 메고 가는 것이 무엇이냐? 그리고 그 뒤에서 울며 따르는 사람들은 왜 저렇게 섧게 우는 것이냐?"

싯다르타의 질문에 시종은 잠시 망설이다가 이렇게 말했다.

"세자마마, 저들은 죽은 사람의 관을 메고 가는 것이옵니다. 그리고 그 뒤를 따르는 사람들은 죽은 사람의 가족으로 죽은 이와의 이별을 슬퍼해서 우는 것이옵니다.

사문유관 - 병자

"아, 이제야 알겠다. 사람은 누구나 늙고 병이 들며 끝내는 죽게 되는 것이로구나. 그럼, 죽은 사람은 어디로 가는 것인가? 그리고 죽으면 무엇이 되는가?"

"왕자님!"

다음날 싯다르타는 궁궐의 북쪽 문을 열게 하고 마차를 몰아나갔다. 울창한 숲에는 진귀한 꽃과 새들이 지저귀는 소리가 숲의 고요를 깨트리고 있었다. 얼마를 달렸을까. 평원이 나타났다.

싯다르타는 말에서 내려 길가 나뭇등걸에 앉았다. 그때 마침 그 평원의 숲으로 이어지는 오솔길로 수행자 한 사람이 걸어오고 있었다. 싯다르타는 자리에서 일어나 그에게 예배하며 물었다.

"그대는 누구이기에 근심걱정도 없이 평안해 보이는가?"

"왕자님, 저는 출가한 수행자입니다. 저는 집에 있을 때 나고 늙고 병이 들어 죽는 모습을 많이 보았습니다. 그래서 집을 떠나 조용한 곳에서 그 답을 알기위해 수행정진하고 있사옵니다."

"그래. 그 답을 찾았습니까?"

"아니오. 아직도 그 답을 찾지 못했습니다. 만약 그것을 찾을 수 있었다면 부처님이 되었겠지요."

"부처님이요?"

싯다르타는 마음이 환히 밝아오는 것만 같았다.

'그렇다. 내가 찾고 있던 길이 그것이다. 나도 출가하여 그 진리를 깨우치리라!'

궁궐로 돌아온 싯다르타는 마음이 한결 가벼웠다. 오랜 시간 방황하며 얻으려고 하던 길을 찾은 것만 같았다. 그의 얼굴에서는 비로소 괴로움과 고통스러움이 사라지고 희망이 넘쳐나 보였다.

■ 라훌라의 탄생

그의 목표가 확실해지자 싯다르타는 궁궐을 떠날 적당한 기회를 기다렸다. 하지만 자신을 믿고 기다리는 부왕과 이모 마하파자파티 그리고 형을 믿고 따르는 이복동생 아난다 왕자를 두고 떠나는 것이 쉽지 않았다. 특히, 자기를 믿고 아내의 도리를 다하고 있는 사랑스런 야쇼다라의 행복한 얼굴을 보면 발길이 차마 떨어지지 않았다.

그의 나이 28살이 되는 해였다. 세자비 야쇼다라가 마침내 귀여운 아들을 낳았다. 싯다르타는 비탄의 목소리로 외쳤다.

"아, 라훌라, 라훌라가 태어났구나!"

싯다르타가 말한 '라훌라' 라는 말은 '장애물' 이라는 뜻이었다.

그는 눈앞이 캄캄했다. 그것은 아들에 대한 사랑이 깊어지고 자식과의 인연이 깊어지면 깊어질수록 출가의 길이 멀어지기 때문이었다.

"무엇이라고? 라훌라? 누가 그 따위 이름을 우리 귀여운 손자에게 지어주었단 말이냐?"

"예. 세자마마께서 그렇게 부르라고 하셨습니다."

"고약한 일이로다. 내가 저를 그토록 사랑하고 정성을 다해 보살펴 주었거늘 라훌라라니?"

그 일로 정반왕의 노여움은 대단하였다. 그러나 어느 할아버지처럼 아침저녁 손자를 보는 즐거움과 며느리 야쇼다라의 정성스런 모습을 보고 노여움을 풀었다.

야쇼다라도 라훌라가 태어난 뒤 싯다르타가 출가를 포기할 것이라고 믿고 있다가 그가 더없이 괴로워하는 것을 보고 말했다.

"여보, 괴로워하지 마셔요. 당신의 마음 당신의 생각 잘 알고 있습니다. 하지만 지금은 출가를 하실 때가 아닙니다."

"뭐요? 내 결심을 아신다고요?"

"예. 하지만 지금은 아닙니다."

야쇼다라는 그를 위로하려고 했던 말이 그를 더 괴롭게 만들고 말았다. 자신의 출가를 이해하려고 애쓰는 아내의 따뜻한 마음씨를 알고 어찌 출가를 할 수가 있을까? 그러나 출가를 결심한 이상 더 이상 미룰 수도 없었다. 그래서 하루는 부왕 내외를 찾아가 그의 결심을 말했다.

정반왕은 옥좌에서 벌떡 일어나 싯다르타의 두 손을 힘껏 잡았다. 그가 어린아이일 때부터 이런 청을 듣게 될 것을 두려워했는데 마침내 그 청을 듣게 된 것이었다.

"아바마마, 모든 사람들의 사랑과 은혜를 잊고 떠나려는 것은 큰 보람을 찾기 위해서입니다. 허락하여 주옵소서."

"세자야, 나는 하루라도 빨리 너에게 왕위를 물려주고 평안한 생활을 하고 싶다. 생각을 바꾸어라. 출가하는 것 이외에 네가 원하는 것이 있다면 무엇이든 이뤄 주리라."

"아바마마, 아들이 원하는 것은 왕위도 아니고 많은 재물을 가지고 즐겁게 사는 것이 아니옵니다. 제가 바라는 것은 생로병사의 고통을 떨쳐버릴 수 있는 지혜를 구하려는 것이옵니다."

정반왕의 얼굴에는 실망과 분노로 일그러져 있었다.

"아. 이 일을 어찌 할꼬?"

부왕은 싯다르타의 결심을 꺾을 수 없다고 생각되자 성을 더욱 높이 쌓게 하고 세자가 궁전 밖으로 나가지 못하게 엄중히 경계하라고 일렀다. 그리고 털썩 자리에 눕고 말았다.

며칠 후 라훌라의 생일을 맞아 궁궐에서는 '평등보시회'라는 잔치를 열었다. 그날 국왕은 궁전의 문을 모두 열고 헐벗고 병들고 늙은 사람들을 위해 옷과 음식, 귀한 약재를 나눠주는 행사를 가졌다. 이 잔치는 사흘이나 계속되었다.

라훌라가 태어난 지 일주일이 되던 이른 새벽, 싯다르타는 자고 있는 마부 찬다카를 흔들어 깨웠다.

"찬타카야, 나와 잠시 성 밖으로 나가야 할 일이 생겼다. 날이 새기를 기다릴 수 없으니 어서 말을 끌고 성문 밖에 나가 기다려라."

"세자마마, 이 새벽에 무슨 일이옵니까?"

그 이른 새벽 연사흘 동안 계속된 잔치에 성문을 지키는 보초들도 곤히 잠이 들어 있었다. 싯다르타와 찬타카는 성문 밖에서 멀리 보이는 숲을 향해 말을 몰아 나갔다.

■ 길을 찾는 나그네

얼마를 달렸을까? 싯다르타와 찬타카는 카필라성을 무사히 빠져나와 날이 샐 무렵에는 트리베니 강가에 이르렀다. 그곳에서 싯다르타는 말을 멈추게 하고 찬다카에게 자신이 지니고 있던 패물과 겉옷을 벗어 주며 말했다.

"찬타카야, 그동안 너는 나를 위해 수고가 많았다. 이제 내 옷과 패물을 가지고 궁전으로 달려가 나의 출가를 알려라!"

"세자마마!"

"놀라지 마라. 이미 오래전부터 예비하던 일이니라."

찬다카는 크게 놀랐다. 그렇지 않아도 왕으로부터 '태자가 출가할지 모르니 철저히 관찰하여 보고하라'는 명령을 받고 있던 터였다.

"세자마마, 정말 출가를 하시는 것이옵니까?"

"그렇다. 나는 오늘 출가하여 스님이 되기로 결심하였다. 영원히 죽지 않고, 늙지 않고, 병들지 않는 깨달음을 얻어 만 중생들의 고통을 해결해주고 싶구나."

"세자마마, 저는 이대로 못갑니다. 저는 분명 소임을 다하지 못했다는 사유로 죽임을 당할 것이옵니다. 마마, 살펴주옵소서!"

"아니다. 너의 마지막 소임은 궁궐로 달려가서 내가 궁궐을 떠나 출가했음을 알리는 것이다. 어서 내 옷과 패물을 가지고 가서 부왕과 왕비마마에게 세자는 부처가 되기 위해 출가하였음을 고하여라."

"세자마마!"

찬타카는 울며 카필라성으로 말을 달려갔다. 이 날이 2월 8일 싯다르타 왕자의 나이 스물아홉 되던 해였다.

그는 히말라야 기슭에 있는 아뉴피아 마을 밤나무 숲으로 들어갔다. 그리고 일주일이 되던 날 걸식을 위해 왕사성의 마을에 갔다가 많은 수행자들이 왕사성 판다바산에 모여 수행중이라는 이야기를 듣게 되었다.

'그곳에 가면 진정한 스승을 찾을지 모르겠다. 나도 그리 가서 스승을 정하고 배움을 청해야하겠다.'

사흘 동안 왕사성 인근의 숲에 머물며 탁발을 하다가 길을 떠날 무렵 빔비사라왕이 이웃나라의 왕세자가 출가하여 자신의 나라에서 수행하고 있다는 소식을 듣고 수소문하여 그를 찾아오고 있었다. 싯다르타가 마가다국 라자그리하를 벗어날 무렵 빔비사라왕 일행이 다가와 물었다.

"스님, 스님은 카필라성의 태자 싯다르타 왕자님이 아니십니까?"

"왕이시여, 무슨 연유로 저를 찾고 계시옵니까?"

"아. 제가 바로 찾아왔군요."

빔비사라왕은 말에서 내려 수행자의 모습을 한 싯다르타에게 경배하며 말했다.

"저는 마가다국의 빔비사라왕입니다. 제 부탁을 들어주십시오. 왕자님은 온 세상을 다스릴 전륜성왕의 모습을 갖추고 태어났다고 들었습니다. 제 나라를 드리겠사오니 받아주십시오."

"왕이시여, 저는 지금 늙고 병들어 죽는 괴로움에서 벗어나 내 자신과 이웃의 고통을 구하려고 출가하였습니다. 저의 결심은 바꿀 수도 없거니와 속세의 영예나 지위와는 아무런 욕심이 없습니다."

빔비사라왕은 싯다르타의 결심을 알고는 예배하고 물러섰다.

"그럼, 부탁 한 가지 하겠습니다. 만약 왕자님이 진리를 깨우쳐 부처가 되시면 제 나라에 다시 오시어 저와 백성들을 위해 가르침을 들려주십시오."

"예. 부처가 된다면 그 약속을 지키겠습니다."

싯다르타는 빔비사라왕의 배웅을 받으며 그 곳을 떠나 판다바산을 향해 걸음을 재촉하였다. 이 날 만난 빔비사라왕은 훗날 싯다르타가 성도하여 부처님이 되자 죽림정사를 지어 바쳤다. 그리고 부처님과 제자들의 수행처로 삼게 하였다.

싯다르타는 그 길로 판다바산으로 물과 불, 해와 달을 섬기며 수행한다는 발가바 선인을 찾아갔다. 그의 문하에서 수행하는 제자들은 불속을 뛰어다니거나 물속에 들어가 숨을 참으며 고행하고, 또는 가시밭에 벌거벗은 몸으로 뒹굴며 고통을 참는 수행을 하고 있었다.

"발가바 선인이시여. 저토록 힘들고 고통스런 방법으로 수행을 해야 정각을 이룰 수 있습니까?"

"젊은 수행자여, 왜 두려운가? 두려우면 처음부터 포기하고 수행을 그만두는 게 좋다. 하지만, 하늘 세상에 태어나기 위해서는 저만한 고통과 괴로움쯤은 참아내야 하느니. 처음에는 괴롭고 어렵지만 수행을 쌓아 가면 참아내기 어렵지 않다."

"선인이시여, 수행자의 저런 참혹한 모습에는 존경심이 갑니다. 하지만, 그것이 어떤 대가를 바라고 하는 일이라면 괴로움은 영원히 떠나지 않을 것입니다. 영원히 되풀이 될 괴로움과 고통을 어떻게 벗어날 수가 있겠습니까?"

발가바 선인은 싯다르타의 그와 같은 말을 듣고 깜짝 놀랐다.

"젊은이, 그대는 나의 제자들이 수행하는 모습을 보고 지레 겁부터 먹고 부정스런 말을 계속하고 있다. 마음을 비우면 아프고 괴롭다는 생각을 떨쳐버릴 수가 있는데 겁부터 먹었으니 과연 정각을 이룰 수 있을지 의심이구나."

싯다르타는 신체를 학대하며 고통을 참는 수행이 진정한 진리의 깨우침을 얻으려는 수행 같지는 않았다. 그래서 그곳을 떠나 '아라다' 선인과 '우두라카' 선인과도 함께 수행하였다.

짧은 시간에 그들이 가르칠 모든 것을 이해한 싯다르타는 스스로 깨우쳐 정각을 이루리라라는 결심으로 네란자라강을 따라 여행을 계속한 끝에 단향나무가 울창한 숲으로 들어갔다. 그는 길상초를 베어 깔고 큰 나무를 의지하여 명상에 들어갔다.

■ 싯다르타를 찾아온 친구들

이 무렵, 싯다르타의 귀향을 손꼽아 기다리던 정반왕은 평소 그와 가까이 지내던 석가족의 친구 다섯 명을 편전으로 불렀다.

"왕이시여, 저희들을 불러 계시옵니까?"

"오, 어서오너라. 너희들도 알다시피 세자가 아직 돌아오지 않고 있다. 세자가 지금쯤은 마음이 변하였을지 모른다. 어쩌면 수행을 포기하고 귀향하고 싶어도 돌아올 명분을 찾지 못해 망설이고 있을 지도 모른다. 너희들은 세자를 찾아가서 설득해 궁궐로 모시고 오도록 하여라. 한 달이 걸려도 좋고 1년이 걸려도 좋다. 반드시 세자를 모시고 오라!"

"예. 대왕폐하!"

정반왕은 석가족의 다섯 친구들이 여행 중에 쓸 돈과 말을 주어 마가다국으로 서둘러 가도록 하였다. 그 친구들은 한 달 보름 만에 마가다국에 도착하여 싯다르타가 수행하고 있는 곳을 알아냈다. 그리고 몰라보게 변한 모습의 왕세자를 보고 자기들의 눈을 의심하였다. 걸레 같은 누더기를 입고 뼈만 앙상하게 남은 참혹한 모습의 싯다르타를 보았기 때문이었다.

"친구여, 참혹한 이 모습이 무엇이옵니까? 우리 친구들이 왕세자님을 모시러 왔습니다."

"예. 이제 자리를 털고 일어나십시오."

그들은 가까이 다가가 싯다르타에게 예배하고 자신들이 이곳에까지 오게 된 경위를 설명하였다. 그러자 싯다르타가 자리에서 일어나 친구들의 손을 잡으며 말했다.

"벗이여, 사람들은 낳고 죽는 것을 두려워하고 있다. 그것을 두려워하는 한 사람들은 불행에서 영원히 벗어날 수가 없다. 나의 이 힘든 수행은 바로 나 자신뿐만 아니라 아버지와 이모, 야소다라와 아들 라훌라를 비롯한 모든 사람들을 구원하라는 간절한 바람에서 시작된 것이다."

"세자마마, 대왕께서 세자마마를 모시고 오지 못할 바에는 저희 다섯 친구들은 궁궐로 돌아오지 말라고 엄명하셨습니다."

"예. 세자마마, 먼저 저희들부터 구원해 주옵소서."

"벗이여, 나의 결심은 변함이 없으니 물러가거라."

싯다르타의 결심이 확고한 것을 안 석가족의 친구들은 마음이 초조해지기 시작하였다. 한 친구가 싯다르타에게 물었다.

"마마, 그렇다면 언제쯤 그 수행이 끝나 정각을 이룰 수가 있습니까?"

"나의 수행은 아직 멀었다. 이제 나의 뜻을 알았으니 너희들은 수행을 방해하지 말고 어서 카필라성으로 돌아가던지 출가를 해서 나처럼 수행자로 살던지 너희들 뜻대로 하여라."

석가족 친구들은 그대로 돌아갈 수도 없고 그렇다고 출가하여 싯다르타처럼 수행에 전념할 수가 없었다. 그래도 왕명을 받은 몸이라 싯다르타 옆에서 수행을 하는 척하며 스스로 궁궐로 돌아가자고 할 때까지 기다리는 게 좋겠다고 의견을 모았다. 그래서 숲에서 사냥꾼들을 만나 옷을 바꿔 입고 수행자를 자처하며 고행을 시작하였다.

계절이 여러 번 바뀌었다.

하루에 한 끼의 식사를 하면서 명상에 잠겨 하루를 보냈다. 싯다르타는 그가 처음 만난 발가바 선인에게 육체를 괴롭히면서 고통 속에 수행하는 이익이 무엇이냐고 물었으면서도 자신도 모르는 사이 자기 스스로 몸을 괴롭히며 수행하고 있었다. 처음 며칠 동안에는 몇 시간씩 잠을 잤지만 마침내는 전혀 잠을 자지 않아도 되었다.

그의 몸은 점점 뼈만 앙상하게 남은 무서운 모습으로 변해 갔다. 카릴라성을 떠나온 지 6년이란 세월이 지났지만 그때까지도 싯다르타는 진리를 깨우쳐 정각을 이루지 못했다.

그런 어느 날, 자신이 몸을 괴롭히는 수행이 반드시 깨달음을 얻는 방법이 아니라는 것을 다시금 깨닫게 되었다. 그래서 강으로 내려가 6년 동안에 쌓인 때를 씻고 다시 새로운 방법으로 수행하려고 마음을 먹었다. 그러나 강에 들어가 목욕을 했으나 기력이 쇠진하여 다시 강둑으로 나올 수가 없었다.

'아, 내가 너무 몸을 학대하였구나!'

싯다르타는 몇 번이나 강둑으로 걸어 나오려다가 쓰러져 그만 정신을 잃고 말았다. 그가 정신을 차린 것은 다음날 새벽녘이었다. 지근거리에서 싯다르타의 거동을 살피던 석가족의 친구들이 그를 업어다 목장과 초원이 바라보이는 언덕에 풀을 깔고 누이고 걱정스런 얼굴로 바

고행상

라보고 있었다.

"세자마마, 이제 정신이 드시옵니까? 너무 몸을 학대하셨습니다."

"내가 친구들의 수행을 방해한 모양이로군."

"마마, 이제 그만 카필라성으로 돌아가시옵소서. 목숨을 잃을 번 하지 않았사옵니까?"

싯다르타는 친구들이 탁발해 온 죽을 들고 나뭇등걸 아래 앉아 선정에 들어갔다. 아래 평원에서 소와 양을 기르는 아가씨가 자기의 영지 안에 수행자들이 들어와 정진하는 것을 알고 찾아왔다. 그리고 거룩한 수행의 모습을 보고 매일 우유죽을 공양하기로 결심한다.

네란자라강 전경

■ 수잣타의 우유죽 공양

수잣타는 싯다르타를 발견하고 다른 수행자보다 이분은 건강을 먼저 되찾게 하는 것이 우선이라고 판단하고 집안 식구들을 불렀다.

"젊은 스님이 어찌하여 이토록 몸이 무너질 정도로 고행을 하셨습니까? 건강을 찾으실 때까지 저의 집에 모시고 공양을 할까 하오니 허락하여 주십시오."

수잣타는 싯다르타가 비록 몸이 야위고 입고 있는 가사가 더러웠지만 한 번도 본적이 없는 숲의 정령으로 믿고 있었다. 그래서 100일 동안 자신이 음식을 공양하겠다고 자청을 했다.

"수잣타여, 그대가 수행자에게 공양을 하는 것은 자유다. 그러나 나를 숲의 정령으로 생각한다면 공양하지 말라. 나는 숲의 정령도, 선인도 아닌 진리를 찾고자 하는 한 사람의 구도자일 뿐입니다."

"스님, 걱정하지 마십시오. 저는 미래의 복을 짓기 위해 정각을 이루려는 스님을 돕고 싶을 뿐입니다."

싯다르타는 석 달 열흘 동안 수잣타의 집에서 정성스럽게 만든 우유죽을 공양 받았다. 그러자 그의 몸은 옛날과 같이 젊고 건강한 모습으로 돌아와 있었다.

100일이 지나자 싯다르타는 친구들이 수행하고 있는 숲으로 다시 돌아왔다. 숲에서 기다리던 친구들이 다시 물었다.

"세자마마, 이제 고행을 그만 두시는 것이옵니까?"

"그렇다. 이제 몸을 괴롭히기보다는 몸을 맑고 깨끗하게 가짐으로써 고요하고 평안한 마음을 가지려고 한다."

석가족의 친구들은 싯다르타가 명상에 들려고 하자 자리를 털고 일어섰다.

"세자마마, 이제 마마는 공양할 수잣타 장자가 있으니 우리는 녹야원으로 가서 수행하겠습니다. 혹시 수행을 포기하고 집으로 가고 싶다거나 저희가 그리우시면 연락을 하십시오."

그들은 '모든 것이 평등하다고 하면서 혼자서 수잣타 장자의 딸에게 우유죽을 공양 받은 것은 공평하지 못하다'고 비난하던 참이었다. 석가족 친구들은 싯다르타의 변명도 듣지 않고 서둘러 그 숲을 떠나버렸다.

이제 다시 싯다르타는 혼자가 되었다.

그는 홀로 숲속으로 들어가 보리수 아래 단정히 가부좌를 틀고 앉았다. 그리고 진리를 깨우쳐 알기 전에는 결코 이 자리를 떠나지 않으리라고 굳게 다짐하였다. 그러나 그가 수행하고 있는 전정각산은 크고 작은 지진이 일주일 가까이 계속되고 있었다. 그 지진은 마치 누군가 싯다르타의 수행을 방해하려고 산을 통째로 손아귀에 넣고 흔드는 것처럼 명상에 잠겨있을 때만 일어나곤 하였다.

"허허 고약한 일이로다."

싯다르타는 할 수 없이 전정각산을 내려와 고행림 북쪽에 위치한 보리수 숲으로 들어갔다. 그곳은 이미 과거 세상에서 3대의 부처님이 성도한 곳으로 알려져 있는 곳이기도 했다.

넓은 초원이 내려다보이는 우루 벨라 동쪽 산기슭이었다. 싯다르타는 근처에서 풀을 베고 있는 농부를 보았다. 그가 싯다르타에게 예배하며 물었다.

"스님은 이 산에서 무엇을 구하시려고 하십니까?"

"나는 정각을 이루고 싶어 수행처를 찾고 있소."

그 농부는 아름드리나무 밑으로 싯다르타를 안내하며 한 아름의 풀을 베어 그 나무 밑에 깔아주었다.

"스님, 저는 저 아랫마을에서 양을 기르는 농부 길상이라고 하옵니다. 부디 성불하시어 많은 중생들을 구원하여 주십시오."

불교공부를 할 때 '길상초' 라고 하는 말은 이때 소를 치는 농부 '길상' 이 풀을 베어 공양한 것을 두고 말하는 것이며, 절의 표시로 '卍' 자를 쓰고 '길상' 이라고 읽는 이유도 이런 사유에서 비롯된 말이다.

■ 마왕 파순의 위협

하루가 가고 보름이 가고 계절이 바뀌는 동안 싯다르타의 보리도량에는 큰 깨달음의 서기가 넘쳐흐르고 있었다. 이때, 가야산의 숲속에 살고 있는 악마들이 싯다르타의 이 경건한 수행의 모습을 보았다. 그리고 두려움에 몸을 떨었다.

"아, 이를 어쩔꼬? 안 되겠다. 마왕을 불러오자. 우리들의 힘으로는 저 수행자를 이겨낼 수가 없다."

"그래. 어서 네란자라강을 건너 전정각산에 가서 마왕 파순께 이 사실을 알리고 도움을 청하자."

악마들은 우르르 마왕 파순을 찾아갔다.

"뭐라고? 이 전정각산에서 수행하던 자가 그리 가서 부처가 될 조짐

이 보인다고? 내가 있는 이 산에서만 쫓아내면 될 줄 알았거늘 가서 보자. 그의 수행이 얼마나 완성이 되었는지?"

마왕 파순은 가야산으로 부하들을 이끌고 달려왔다. 그리고 1주일 가까이 싯다르타가 수행하는 모습을 지켜보다가 부하들에게 말했다.

"음, 저 수행자는 보통의 수행자가 아니다. 그대로 놔두면 분명 우리 악마들의 적이 될 것이다. 지금 당장 저 수행자를 이 숲속에서 쫓아내야만 한다."

마왕 파순의 명령에 따라 악마들은 갖가지 무서운 모습으로 싯다르타 앞에 나타났다. 그러나 깊은 명상에 잠긴 싯다르타는 악마들의 방해에도 눈 한 번 꿈쩍하지 않았다. 그러자 악마들은 그들이 살고 있는 동굴 숲으로 돌아갔다.

마왕 파순은 부하들이 두려운 얼굴로 도망쳐 오자 자기의 세 딸을 싯다르타의 이모와 야쇼다라, 그리고 그와 첫 번째로 결혼했던 고비타의 모습으로 변장시켜 보리수 나무숲으로 보냈다. 그들은 싯다르타의 곁으로 가서 애처로운 목소리로 싯다르타를 불렀다.

"세자야, 이것이 네가 그리도 갈망하던 부처의 모습이냐? 궁궐을 떠난 지 6년이 넘었거늘 아직도 대각을 이루지 못하고 무엇을 했단 말이냐?"

마하파자파티 왕비는 울음 섞인 목소리로 명상중인 싯다르타를 깨웠다. 이어 야쇼다라로 분장한 마왕 파순의 막내딸이 속삭였다.

"여보, 나는 당신이 사랑하던 야쇼다라입니다. 당신의 아내이며 아들 라훌라의 어머니입니다. 이제 그만 카필라 성으로 돌아갑시다. 고행도 좋고 부처도 좋지만 현실의 고통을 왜 모른 체하십니까?"

"마마, 저는 사슴궁전에서 노래하던 당신의 첫째부인 고비타입니다. 이제 궁궐로 돌아가셔요. 아무도 당신을 탓하지 않습니다. 어서 돌아가 왕국을 양위 받으셔요."

 선정에서 깨어나자 머리가 깨질 듯 아팠다.

 '아, 악마들의 장난이로구나.'

 싯다르타는 악마들의 시험에서 벗어나기 위해 다시 눈을 감고 명상에 들었다. 그러자 달콤한 아내의 목소리도 고비타의 목소리도 다정한 이모의 목소리도 들리지 않았다. 놀란 것은 마왕 파순뿐만 아니라 숲을 다스리는 정령 대지의 신도 덜덜 떨었다.

 '아, 저럴 수가 있나? 싯다르타가 정녕 부처의 모습을 갖춰가고 있

수마항마상

단 말인가?'

마왕 파순은 불이 붙은 화살을 쏘아보고 지진을 일으켜 보고, 태풍 같은 회오리바람도 일으켜서 날려 보내도록 하였지만, 그의 뜻대로 이루지 못해 발만 동동 굴렀다.

"악마들아, 부처가 되려는 나의 수행을 방해하지 말고 어서 이곳을 물러가라!"

그제야 마왕은 떨리는 목소리로 대답하였다.

"수행자여, 우리는 그대를 해칠 생각은 조금도 없었소. 단지 그대의 근기를 시험해 보려고 한 것뿐이오."

마왕 파순 일행은 더 이상 싯다르타와 논쟁을 하거나 그의 능력을 시험할 수가 없어 도망을 치기 시작했다.

불교의 많은 경전에서 만화와 같은 이 마왕 파순과의 대화는 싯다르타가 진리를 깨우쳐 정각을 이루기까지 마음의 갈등을 설명한 것으로 보고 있다.

싯다르타가 악마들과 다투는 사이 새벽하늘이 밝아오고 있었다.

'이제야 방해자들이 물러났구나. 생각해 보자. 세상에 태어난 모든 것은 왜 갖가지로 괴로워해야 하고 고통스런 삶을 살아야만 할까?'

이 날이 그가 보리수나무 아래에서 수행을 시작한지 꼭 21일 째가 되는 날이었다. 싯다르타는 깊은 명상에서 깨어나 잠시 새벽하늘을 바라보았다. 바다와 같이 넓고 깊은 하늘, 그 새벽하늘에 무수히 떠 있는 별들을 바라보았다.

'저 반짝이는 별들은 어디서 시작하여 어디서 끝이 나는가?'

성도상

그 빛나는 새벽별을 바라보다가 싯다르타는 문득 자신의 모습을 깨닫게 되었다. 그리고 걸림이 없고 막힘이 없는 여섯 가지 신통력을 얻게 되었다. 그 신통력은 자신의 몸을 자유자재로 변화시킬 수 있는 법을 비롯하여 먼 곳을 헤아려 알 수 있는 것 등 부처님만이 가질 수 있는 신령스런 힘이었다. 이를 불교에서는 '부처님의 육신통' 이라고 부른다.

'모든 것이 마음 안에 있구나. 마음만이 하늘 위와 하늘아래 어디서나 없어지는 일이 없이 크고 높다. 우주도 진리도, 나고 죽는 고통도 바로 내 마음 안에 있는데 모두가 끝없는 골짜기를 헤매고 있었구나.'

이 날이 바로 음력으로 12월 8일. 마침내 싯다르타는 정각을 이뤄 부처가 된 것이었다. 카필라국의 왕세자로 보장된 부귀영화도 버리고 출가 수행한지 6년 만에 붓다가야에서 비로소 우주의 이치를 깨닫고 부처가 된 것이다.

그의 나이 35세. 불교 교단에서는 이 날을 부처님의 성도절로 정하여 매년 기념해 오고 있다.

부처님이 성도하신 그 자리에는 현재 '붓다가야 대탑', 일명 '마하보디대탑' 이 세워져 있는데 이교도들의 침입에 이 탑을 보호하기 위하여 1천여 년 전에 주변의 흙을 모아 흙속에 파묻었던 것을 영국인 탐험가가 1880년 7월에 발견하여 세상에 소개된 불교의 유적이다.

마하보디대탑

4. 부처님의 발자국

■ 녹야원의 다섯비구

　부처님은 자신이 목적한 대각을 이루자 다시 21일 동안 선정에 들었다. 그것은 자신이 깨달은 많은 내용을 체계 있게 정리하기 위해서이지만 그가 깨우친 내용 중에 모순은 없는지 살펴보기 위해서였다.
　그는 어느 날 선정에서 아득한 과거를 보았다.
　한 사람의 생명이 끝나면 또 다른 생명이 시작되는 것을 알았다. 그리고 죽음은 육체가 없어지는 것일 뿐 생명은 또 다른 몸을 받아 계속 이어진다는 것도 깨닫게 되었다.
　한 인간의 일생을 통해 지은 죄는 미래에 그 자신이 그러한 일을 당하게 되고 사랑을 행하면 그 또한 행복과 즐거움을 얻게 된다는 것도 알게 되었다. 이렇게 모든 생명이 서로 연결되어 있음을 깨닫게 되자 그의 앞에 해와 달, 별, 구름과 우주의 삼라만상이 환하게 나타났다. 부처님은 이 모든 것들이 서로 연관되어 있으며 모든 사물은 끊임없이 변하고 사라지고 있음도 알았다.
　'원인이 없이 생기는 일이란 없다. 그렇구나. 모든 원인은 반드시

어떤 결과를 만들고 사물은 변하면서 거듭 낳게 되는 것이야.'
 부처님은 사람의 생애에 대해서도 생각해 보았다.
 미움과 증오로 가득한 괴로운 삶이었다.
 인간들은 미움과 증오하는 마음으로 자신들을 불쌍하게 만들어가면서도 그를 깨닫지 못하고 마음만으로 평화를 갈구하고 있었다.
 '내가 저 어리석고 불쌍한 중생들을 위해 진리의 수레바퀴를 굴려야 하겠다.'
 하지만, 자기의 생각을 전하는 일을 두고 다시 고민하지 않을 수 없었다. 그것은 아무리 좋은 법문이라도 상대가 듣고 이해를 해야 하는데 이해를 하지 못하면 오히려 그 사람에게 근심과 걱정만 더해 줄 것이기 때문이었다. 그래서 대각을 이루고도 오랜 시간 진리의 깨우침을 체계 있게 정리하는데 시간을 보냈다.
 두 달이 지난 뒤 포교방법이 정해지자 부처님은 그 곳을 떠나 녹야

녹야원 강당

원에서 수행중인 석가족의 다섯 친구들을 찾아갔다. 그들은 '웃다카라마 풋다' 선인으로부터 명상법을 배우고 있었다. 석가족 친구들은 부처님이 저만치 그들을 보고 다가오자 서로 소곤거리며 말을 했다.

"저기 싯다르타 왕자가 오고 있다. 이제 자기에게 공양하는 사람들이 없나 보지? 우리들을 찾아온 것을 보면 틀림이 없어."

"그래. 마음이 다시 변한 거야. 우리는 저 타락한 수행자를 가까이 하지 말자."

"그래그래."

그러나 부처님이 가까이 오자 그가 높고 귀한 모습으로 변해있다는 것을 알게 되었다. 머리 위로는 둥근 인광이 넘쳐흐르고, 고요한 얼굴에서는 아무리 성난 사람이라도 마음의 평화를 갖게 하는 위엄이 서려 있었다.

그들은 부처님을 외면하고 있다가 저마다 벌떡 일어서 예배하며 외쳤다.

"사랑하는 친구 싯다르타여!"

"그동안 잘 있었느냐? 이제 너희들은 나를 친구라고 부리지 말라. 나는 정각을 이루고 진리를 가르치는 사생의 어버이니 여래라 부르라."

"세자마마, 여래라고요?"

"그렇다. 나는 모든 장애물에서 벗어났다. 너희들은 교만한 마음으로 나를 믿으려 하지 않지만은 스스로 악한 마음을 내어 믿으려 하지 않는 것도 나쁜 일이다. 지금 너희들은 누구의 지적이나 가르침을 바르게 들어줄 수 있는 귀를 가져야 한다."

"그럼, 여래란 어떤 사람입니까?"

"잘 들어보아라. 여래는 깨달음을 얻은 사람으로 공양을 받을 자격이 있는 사람이다."

석가족의 다섯 친구들은 부처님의 말을 끝까지 믿지 않으려고 하다가 생로병사의 괴로움에 대한 설법을 듣고야 비로소 크게 깨우치고 고개를 숙였다.

"거룩하신 부처님, 저희들이 어리석었사옵니다."

그날 부처님의 첫 제자가 된 석가족의 다섯 친구들. 즉 아습비, 마하바날, 마부다메크, 바제, 앗사지를 상대로 부처님의 법문이 시작되었다. 최초로 대중을 상대로 한 설법이 시작된 것이다.

부처님은 그가 보리수 아래에서 삼라만상의 이치를 깨우친 진리의

초전법륜도

수레를 굴리기 시작한 것이었다. 불교 교단에서는 이를 부처님의 '초전법륜'이라고 해서 법의 수레를 처음 굴렸다고 말을 하고 있다.

 부처님은 석가족의 다섯 친구들을 대상으로 사성제 팔정도를 일러주고 이 자리에서 아함경의 말씀을 10여 년에 걸쳐 들려주셨다. 유마경과 승만경의 말씀 8년, 반야경 20년 영축산에서 들려주신 법화경의 말씀 8년 그리고 하룻밤 하루 낮에 걸쳐 말씀하신 열반경 등 대장경의 주요 경전을 서술하셨다.
 두 사람이 부처님의 설법을 듣고 있을 때는 세 사람이 탁발을 하러 가고, 세 사람이 설법을 들을 때는 두 사람이 탁발을 하러 나갔다. 최초로 승가 공동체가 구성된 것이었다. 불교 단체로 '불, 법, 승' 즉, 부처님의 '불(佛)'과 부처님의 가르침을 뜻하는 '법(法)'과 여러 스님들의 '승(僧)'으로 삼보가 구성된 것이다.
 "비구들아, 이 세상에는 두 가지의 괴로움이 있다. 집을 떠난 수행자는 이 어렵고 힘든 두 가지에 치우쳐서는 안 된다. 하나는 세상의 보배로운 것에 욕심을 부리거나 즐거움을 잊지 못한 것이고, 또 하나는 자기를 괴롭히는 고행이다."
 "스승이시어 그럼, 여래의 길이란 무엇입니까?"
 "여래는 이 두 가지를 버리고 그 중간에 서는 것이며, 이 방법이야말로 삼라만상의 순리에 눈을 뜨게 하고, 지혜를 낳게 하며 영원한 평화를 얻는 길이다. 바로 이것이 중도의 길이다."
 부처님은 이어 4성제 8정도에 대해 설명하셨다.
 "비구들아, 사람은 태어나서 늙고 병들고 죽는 괴로움이 있다. 근심과 걱정과 슬픔이 바로 이 네 가지에 의해서 비롯된다. 따라서 괴로움은 어느 곳에서나 존재한다(고제). 그리고 이러한 괴로움이 생기는 원인이 반드시 있다(집제). 또한, 이 괴로움을 떨쳐버리기 위한 방법이 있으며(멸제), 그 괴로움의 원인을 알고 그러한 괴로움에서 벗어나 자유를 얻는 길이 있다(도제). 이것이 바로 부처님이 처음으로 가르친 4성제의 말씀이다.

부처님은 이어 세상의 괴로움을 떨쳐버릴 수 있는 8가지의 실천사항을 일러주셨다. 이것이 오늘 날 전해오는 깨달음과 열반으로 이끄는 수행의 올바른 여덟 가지 길로 '팔정도의 말씀'이다.

바른 생각(정견), 바른 말(정어), 바른 실천, 바른 생활, 바른 선정, 바른 마음, 바른 직업(정명), 바른 결심(정념)이 그것이다.

녹야원다메크대탑

현재의 지명 사르나드로 명명된 이 녹야원은 인도 갠지스강 중류에 있는 구릉지대로 베나레스에서 약 7㎞ 떨어져 있다. 기원전 3세기에 아쇼카왕이 세운 초전법륜탑인 일명 다메크대탑이 자리하고 있다. 7세기경 이 곳을 방문한 현장 스님이 서술한 '대당서역기'에 기록된 '초전법륜사(불교대학)'와 '다마라지대탑'은 현재 무너져 흔적만 남아 있다.

이슬람군의 침략으로 폐허가 된 이 절터는 최근 발굴을 시작하여 찬란했던 2500여 년 전의 석실 유적의 실체가 드러났는데, 동서 300m, 남북 200m의 규모였다.

일설에 따르면, 서기 1794년 베나레스 시장이 2천 2백여 년의 역사를 가진 탑을 허물고 그 석재를 가져다 시장건물을 지었다는 이야기가 전해오고 있다. 그리고 이 탑 속에서 발견한 부처님의 사리와 진주 등 불교의 보배를 모두 갠지스강에 떠내려 보냈다는 사실이다.

부처님의 채취를 느끼게 하는 이곳 녹야원에서 베나레스로 내려가는 곳에는 이교도들에 의해 파손된 또 다른 탑터와 절터가 남아 있다. 그리고 망루처럼 높이 서있는 불영탑은 인도 무갈제국 때 세워진 것으로, '부처님 곁에서 수행을 하다가 도망쳤던 교진여 다섯 비구들이 부처님을 맞이했다.'는 뜻에서 그 이름을 '불영탑(佛迎塔)'이라고 불러오고 있다.

인도정부는 1980년대 중반부터 이 녹야원 초전법륜지를 발굴하면서 많은 유물을 거두어 사르나드박물관에 보존시켰다. 특히, 이곳에서 발굴된 아쇼카왕의 사자상은 현재 인도의 상징 국보로 지정하고 인장으로도 사용하고 있다.

인도국보 쌍사자상

■ 야사장자의 귀의와 삼귀의 제정

부처님이 사슴동산에서 교진여 다섯 비구에게 법을 전할 무렵 베나레스 시내에 야사라는 장자의 아들이 있었다. 그는 궁전처럼 큰 집에 젊고 예쁜 아내와 많은 시종을 거느리고 살고 있었다.

야사가 25세가 되던 생일날이었다.

야사는 가까이 지내던 마을 친구들을 집으로 초대하여 밤이 이슥하도록 술을 마시고 춤을 추었다. 그리고 자신도 모르게 쓰러져 깊은 잠에 빠졌다.

야사가 잠이 깬 것은 다음날 먼동이 터 올 무렵이었다.

그는 문득 술에 취해 소처럼 엎드려 자거나 서로 뒤엉켜서 껴안고 자고 있는 친구들과 자기 집 시녀들을 보았다. 술을 먹지 않았을 때는 그토록 점잖고 의젓했던 친구들과 귀여운 자기 집 시녀들이 왠지 추해 보였다. 개처럼 침을 흘리거나 북을 베고 중얼거리거나 새우처럼 웅크리고 자는 친구를 보다가 이상하게 그들을 떠나고 싶다는 생각이 들었다.

'아, 왜 우리는 이렇게 가엾은 삶을 살아온 것일까?'

그도 저들처럼 저렇게 방탕하게 지내왔음을 깨달았다. 그는 무작정 집을 나와 거리를 헤매다가 해가 질 무렵에야 불빛이 반짝이는 사슴동산에 이르렀다. 그곳은 부처님과 제자들이 수행하고 있는 수행처였다.

'진정한 행복이란 무엇인가? 젊고 예쁜 아내와 시녀들, 다정한 친구들 그리고 풍족하고 화려한 삶이 진정한 행복일까? 그의 발걸음은 더

디었고 부처님이 계신 사슴동산에 이를 무렵에는 해가 서산으로 넘어갈 무렵이었다.

"저기 우뚝하니 서 있는 젊은이가 누구인가?"

저만치 나무 밑에 서 있는 야사를 발견한 부처님이 그를 불렀다. 그리고 그의 고민을 듣고는 그 자리에서 교진여 다섯 비구에게 설하신 사성제 팔정도의 말씀을 들려주었다. 야사가 환희에 차서 말했다.

"거룩하신 부처님, 이제 마음의 안개가 걷히고 괴로움이 사라졌습니다. 저는 사성제 팔정도를 지키며 바르게 살겠습니다."

그 무렵, 야사의 집에서는 야사를 찾기 위해 큰 소동이 벌어졌다. 밤늦게까지 아들이 돌아오지 않자 야사장자는 친구들과 마을 사람들을 풀어 그의 소재를 찾게 하였다. 사슴동산의 부처님 제자가 되어 수행 중이라는 것을 아는 사람은 한 사람도 없었다.

일주일 가까이 아들의 소재를 찾던 아버지는 혹시나 하는 생각에 부처님이 계신 사슴동산으로 찾아왔다. 부처님은 아들을 찾기 위해 초췌한 모습의 야사장자를 보고 부모 된 마음을 느낄 수 있었다.

"야사장자여, 아들 야사를 찾은 것과 자기 자신을 찾는 것 중에서 어느 것이 중요하다고 생각하느냐?"

"부처님, 저는 아들을 찾는 일 외에는 지금 그 무엇도 생각할 겨를도 없습니다. 먹는 것도 입는 것도 세상사 모든 것이 무력하고 삶의 의미조차 잃었습니다."

부처님은 야사의 아버지를 위해 '모든 것은 인연에 의해 다시 흩어진다.'는 말씀을 들려주었다. 야사의 아버지는 크게 깨닫고 부처님에게 엎드려 예를 올렸다.

"부처님, 당신은 넘어진 사람을 일으켜 세우듯이, 갈 곳을 모르는 사람에게 길을 알려주듯이, 어둠속에서 길을 밝혀주는 등불과도 같은 말씀을 들려주셨습니다. 이제 저는 부처님께 귀의하여 참된 제자가 되겠습니다. 부족한 저를 어지러운 세상에 살며 부처님께 공양하며 가르침에 귀의한 재가 신도로 받아주십시오."

"장하구나. 야사장자여!"

부처님은 흔쾌히 그 자리에서 야사장자의 귀의를 허락하였다. 그래서 부처님(佛)과 부처님의 가르침(法)과 그 가르침을 따르며 실천하는 스님(僧)에게 귀의하는 '삼귀의'가 제정되었다.

그날 야사의 아버지는 최초로 출가하지 않고 부처님을 따르고 가르침을 배우는 재가 신도가 된 것이었다.

요즈음도 절에서 법회의식을 진행할 때 마음의 다짐을 맹세하는 **'삼귀의'** 는 이때 만들어진 것이다.

1. 거룩한 부처님께 귀의합니다.
2. 거룩한 가르침에 귀의합니다.
3. 거룩한 스님들께 귀의합니다.

야사장자는 부처님에게 출가동의를 얻어 부처님의 제자가 되고는 아들이었던 야사와 부처님을 위해 공양을 하기로 하였다.

며칠 후, 부처님과 여러 제자들이 야사장자의 집으로 초대되어 법회를 열었다. 그리고 법회에 참석했던 여러 친구들과 동네 사람 중에서 50여 명의 청년들이 부처님을 따라 스스로 머리를 깎고 녹야원 숲을 찾아가 제자가 되었다. 부처님은 이들에게 1년 가까이 가르침을 베풀었다.

이듬해 가을 부처님은 제자들을 한 자리에 불러 모으고는 이렇게 말씀하셨다.

"비구들아, 이제 너희들은 기본적인 불교의 진리를 깨우쳤다. 지금부터는 어리석고 불쌍한 세상 사람들을 구제하라! 세상에 나아가 나의 가르침을 전해라!"

최초의 '전도 선언' 이었다.

부처님의 전도 선언을 들은 제자들은 포교를 위해 인도 방방곡곡으로 흩어져 그들이 배우고 깨우친 불교의 진리를 전했다. 그래서 날이 갈수록 많은 사람들이 부처님을 따라 출가했으며, 출가할 수 없는 사람들은 귀의하여 재가신도가 되었다.

■ 카샤파 삼형제의 귀의

빔비사라왕이 다스리고 있는 마가다국에는 크고 작은 많은 수행자 단체가 있었다. 이 중에서 카샤파 삼형제가 네이란자라강가에서 수행하고 있었는데 무려 1천여 명의 수행자를 거느린 큰 교단이었다.

부처님은 그들의 수행방법을 보기위해 첫째인 우루빈나 카샤파를 찾아갔다. 멀리서 이 모습을 지켜본 우루빈나 카샤파는 부처님의 위엄에 놀라 그가 찾아오면 멀리 내쫓아 버리라고 지시하였다. 하지만, 부처님이 가까이 다가가자 제자들은 그 위엄에 압도되어 경배하며 부처님을 맞았다.

"어서 오십시오. 저의 스승님은 망고나무숲에 계십니다."

그들은 부처님을 큰 형이 이끌고 있는 우루빈나 카샤파 교단으로 인도하였다. 부처님이 카사바에게 인사를 하며 그들의 수행처인 우루베라촌에서 하룻밤을 지내고 갈 수 있도록 해 줄 것을 부탁하였다. 카샤파는 부처님의 모습을 훑어보다가 정중한 태도로 이렇게 말했다

"이곳은 스님과 같이 깨끗한 옷을 지어 입은 분이 머무를 곳이 아닙니다. 그리고 마침 쓸 만한 방도 남아있지 않습니다."

"그럼, 비어있는 저기 제사당에서라도 하룻밤을 자고 가게 해 주십시오."

"예? 제사당요? 저긴 독룡이 살고 있는데…. 진정 저 제사당에서라도 주무시겠다고요?"

"걱정 마십시오. 저는 저런 곳에서도 평안이 지낼 수 있습니다."

우루빈나 카샤파는 더 이상 부처님의 청을 거절할 수가 없었다. 부처님의 빛나는 눈과 고요한 얼굴 거룩한 덕상에는 위엄마저 서려 있었다.

"다시 한 번 묻겠습니다. 수행하시는 스님이 이슬을 피할 수는 있으나 신통력이 있는 독룡과 독을 품는 코브라가 살고 있어 자칫 당신을 해칠지도 모릅니다. 그래도 괜찮겠습니까?"

"아, 그런 일은 괘념치 마십시오. 독룡과 코브라가 나를 해치지는 못할 것입니다."

그래서 부처님은 불을 품는 용과 독을 품는 코브라가 살고 있다는 제사당에서 하룻밤을 지내게 되었다. 그런데 부처님이 제사당의 문을

채 닫기도 전에 천정에 떠 있던 사나운 독룡이 매운 연기를 내품으며 덤벼들었다. 부처님도 신통력을 부려 불을 내 품었다. 그 과정에서 제사당은 삽시간에 불길에 휩싸이고 말았다. 제사당 밖에서 이 모습을 지켜보던 부처님의 제자들과 카샤파의 제자들은 발을 동동 구르며 말했다.

"아, 젊은 스님이 객기를 부리다가 그만 용왕에게 죽임을 당하고 말았다. 불쌍한 수행자여."

그러나 부처님의 제자들은 어떠한 경우라도 가만히 지켜보라고 하시던 부처님 말씀에 따라 조용히 가부좌를 틀고 염불만 하고 있었다. 하지만 걱정이 없는 것은 아니었다.

"우리 부처님이 그만 독룡에게 당하신 것일까?"

그들은 활활 타오르는 제사당을 바라보며 꼬박 밤을 새웠다.

다음 날 아침 해가 밝았다. 제사당은 불에 타서 무너지고 아직 꺼지지 않은 불씨가 하얀 연기를 피어내고 있었다. 카샤파의 제자들은 부처님과 용왕의 장례를 지내기 위해 주문을 외우며 제사당으로 다가왔다.

그런데 죽었으리라고 믿었던 부처님은 무너진 제사당 잿더미 속에서 고요한 모습으로 앉아 있었다. 우루빈나 카샤파와 그의 제자들이 놀라서 외쳤다.

"아, 귀신이다. 귀신이 앉아있다!"

그들은 땅에 납작 엎드려 두 손을 모아 벌벌 떨면서 빌었다.

부처님은 그들을 지그시 바라보시다가 빙그레 웃으며 잿더미 속에서 걸어 나오셨다. 그리고 자신의 빈 발우 속에 실뱀처럼 작아진 용과

4. 부처님의 발자국 87

코브라를 캬샤파에게 내밀었다.

"카샤파여, 이것이 그대들이 섬기고 있던 독룡과 코브라이다. 제사당을 다시 짓고 이 실뱀으로 변한 독룡과 코브라를 신으로 받들어 모시겠느냐?"

"거룩하신 부처님, 저의 죄를 용서하여 주십시오. 미천하고 지혜가 부족하여 부처님을 몰라 뵈었습니다."

우루빈나 카샤파는 그 자리에서 머리를 깎고 부처님의 발아래 엎드려 예배하고 계율을 받아 제자가 되었다. 그리고 그를 따르던 제자 700여 명도 함께 부처님에게 귀의하였다. 그들은 스스로 머리를 깎고 불과 용의 신에게 제사를 지내며 수행하던 모든 도구들을 태우고 일부는 강물에 던져버렸다.

이때 아우인 나디 카샤파는 강물에 떠내려 오는 머리털과 제사도구들을 보고 놀라 형에게 찾아와서 물었다.

"형님, 제사도구를 강에 던져 버리고 머리를 깎으시다니 웬일입니까?"

"아우야, 나는 거룩하신 부처님을 실험하려다 오히려 큰 실수를 하였구나. 우리가 배워 익히려는 모든 진리를 말씀하시는 부처님이다. 너도 참회하고 계율을 받아 지니고 제자가 되어라."

"예. 형님이 깨닫고 이해하시는 진리라면 저도 형님을 따르겠습니다."

셋째인 가야 카샤파도 두 형이 부처님에게 귀의해 제자가 되었다는 이야기를 전해 듣고는 스스로 머리를 깎고 그를 따르는 제자들과 함께 부처님을 찾아왔다. 그래서 석가모니 부처님의 수행교단에는 무려

1,250여 명의 제자들이 가르침을 듣게 되었다.

　부처님은 1,200여 명의 제자들을 거느리고 우루베라촌을 떠나 가야산 상두봉 일명 독수리봉 기슭으로 수행처를 옮겼다. 그때 먼 산에서 거대한 산불이 일어났다.

영취산 설법지 전경

　부처님은 그 산불을 가리키며 저 유명한 '목적유경'의 말씀을 들려주셨다.

　"비구들아, 모든 것이 타고 있다. 눈도 타고, 색도 타고, 눈과 색이 부딪는 곳의 감각도 불타고 있다. 탐욕의 불, 노여움의 불, 나고, 늙고, 병들어 죽음에 이르는 불, 걱정과 슬픔, 괴로움, 비탄, 번뇌의 불이 타오르고 있다. 이 번뇌의 불은 자신을 태울 뿐 아니라 다른 사람도 괴롭히고 모든 사람의 몸과 입과 생각까지도 삼업을 짓도록 한다. 탐욕은 만족을 얻고자 하는 마음에서 일어나고 노여움은 만족을 얻지 못하는 마음에서 일어나며 어리석음은 부정한 마음에서 생겨난다."

■ 최초의 절 죽림정사

 카샤파 삼형제와 그의 교단 제자들을 출가시킨 부처님은 마가다국의 서울인 왕사성으로 빔비사라왕을 찾아갔다. 그가 가야산에서 수행할 때 찾아왔던 빔비사라왕을 제도하기 위해서였다.
 빔비사라왕도 부처님이 자기를 찾아온다는 전갈을 받고 부처님을 마중하기 위해 성 밖의 망루에서 1천여 명의 제자들을 거느리고 왕사성을 찾아오는 부처님의 행렬을 바라보며 찬탄하였다. 그리고 성문을 나와 부처님을 영접하였다.

> 해탈한 사람이 해탈된 사람을 이끌고 황금빛 찬란한 세존이 오시네.
> 생사의 바다를 넘어선 사람이 그 바다를 넘어설 사람들을 이끌고 오시네.
> 축복의 땅 왕사성에 오시고 있네.

 빔비사라왕은 성문을 활짝 열고 구름처럼 모여든 백성들에게 선언하였다.
 "보아라, 저 석가족 출신의 부처님은 열 가지 이름을 가진 스승이다. 그 열 가지 이름을 들어보아라."

첫째는 '정등각'이니, 바르게 깨달은 사람이다.
둘째, '명행족'이니, 밝은 지혜와 행동을 갖춘 사람이다.
셋째, '선서'이니, 깨달음에 이른 행복한 사람이다.
넷째, '세간해'이니, 세상의 일을 모두 알고 있는 사람이다.
다섯째, '무상사'이니, 위없는 높은 사람이다.
여섯째, '조어장부'이니, 사람을 잘 다스리고 따르게 할 수 있는 사람이다.
일곱째, '천인사'이니, 하늘과 모든 사람의 스승이다.
여덟째, '부처님'이니, 진리를 깨달은 사람이다.
아홉째, '세존'이니, 세상에서 제일 존귀한 사람이다.
열 번째, '응공'이니, 공양을 받을 만한 자격을 갖춘 사람이다.

이것이 '여래 10호'. 즉 부처님을 지칭하는 열 가지 이름이다.
빔비사라왕이 부처님이 열 가지 이름을 부르며 찬탄하자 신하들과 백성들은 더욱 부처님을 우러러 모시고 싶은 충동을 느꼈다. 그래서 성문 가까이에서 음식과 꽃을 들고 기다리다가 너도나도 부처님이 머무르고 계신 대나무 숲으로 찾아갔다. 그들은 그곳에서 자신들이 공양하던 '카샤파 삼형제'를 보고 더욱 부처님의 교단을 믿고 따르는 마음이 생겼다.

'아, 저 훌륭한 성자들까지 부처님의 제자가 되었다면 석가모니 부처님은 얼마나 훌륭한 분이실까?'

수많은 왕사성의 시민들이 부처님을 찾아와 가르침을 구했다. 부처님은 시민들의 예배를 받으시고 '사성은 평등하다'는 법문을 들려주셨다.

"사람은 태어난 계급에 따라서 천한 사람이 되는 것이 아니고 바라문이 되는 것이 아니다. 이것은 과거 세상에서 자기가 저지른 행위(업)에 따라서 천한 사람도 되고 바라문도 되는 것이다. 그러므로 사성은 평등하다. 태어남을 묻지 말고 그가 저지른 행위가 어떠했는가를 묻도록 하여라."

부처님은 설법을 마치고 빔비사라왕을 가까이 불렀다. 그는 기쁨의 눈물을 흘리고 있었다.

"왕이시여, 왜 눈물을 흘리고 계십니까?"

"부처님, 저는 왕자였을 때 다섯 가지 소원이 있었습니다. 그런데 저는 지금 그 다섯 가지의 소원을 모두 성취하였습니다."

"그래. 그 다섯 가지 소원이 무엇이었습니까?"

"예. 첫째는 왕이 되는 것이요, 둘째는 저의 영토에 바르게 수행하는 이들이 많이 오는 것이며, 셋째는 세존에게 귀의하는 것이요, 넷째는 세존께서 저에게 가르침을 들려주는 것이었고, 다섯 번째는 그 가르침을 듣고 이해하는 것이었습니다. 저는 지금 그 다섯 가지를 모두 성취한 기쁨에 눈물을 흘리고 있습니다."

빔비사라왕은 다음날 부처님과 제자들이 궁중공양에 참석해 줄 것을 청하였다. 자신이 음식을 마련하여 공양하고 싶었기 때문이었다.

석가모니 부처님이 왕사성에서 임금님의 공양을 받는다는 소식을 듣고 시민들은 새벽부터 궁궐로 들어가는 길 양편에 서서 부처님 일행을 기다렸다.

마침내 부처님이 왕사성 궁궐로 가셨다.

빔비사라왕은 기쁜 마음으로 부처님 일행을 맞이했다. 그리고 자신이 직접 음식을 나르며 정성스런 식사가 되기를 바랐다.

왕이 부처님의 식사가 끝나가자 부처님 앞으로 가서 말했다.

"거룩하신 부처님, 저는 오래 전에 기란타 장자로부터 아름다운 대나무 숲을 기증받았습니다. 그곳에 절을 세우고 백성들과 부처님의 높고 귀한 가르침을 듣고자 하오니 허락하여 주옵소서."

"왕이시여, 고마운 일입니다. 그렇게 하십시오. 교단의 식구가 많으니 수행에 적합한 장소가 있었으면 하는 바램이었습니다."

이때 빔비사라왕이 지어 바친 왕사성 죽림정사는 불교 최초의 절이었다. 부처님은 이 죽림정사 이외에도 여름이면 영축산에 올라 제자들을 가르치기도 했다. 이 산은 마가다국의 수도 왕사성에서 동북쪽으로 1.5km 지점에 있는 높은 산이었다.

죽림정사지의 사리불사리탑 전경

시금은 바위를 깎아 만든 바위분지와 설법단이 남아 있으며, 이 자리에서 불교의 진수라 할 수 있는 오늘날의 대승경전 중에 하나인 '법화경'을 강설하셨다. 그리고 중생들이 극락 세상에 태어날 수 있는 진리묘법을 가리킨 '무량수경'과 최초의 경전이라 할 수 있는 '대불정수능엄경'의 말씀을 들려주셨다.

특히, 대불정수능엄경은 옛날 중인도 나란타사의 보물로 간직되던 경전이다. 나뭇잎을 쪄서 그 표면에 물감으로 적었던 이 경전의 내용은 수행자들이 닦아야 할 '육도만행의 수행법'을 설명해 놓은 가르침이다.

나란타 절터

이 능엄경은 당나라 중종 때 반자밀제 스님이 범서를 가져와 우리나라에 전했다. 현재 남아있는 번역 불서로는 세조임금 때 번역 소개한 국가차원에서 만든 언해본을 비롯해서 용성 스님이 번역하신 것 등

4종류가 전해 오고 있다.

■ 살인귀 암굴리말라의 제도

부처님이 중인도 사위성 외곽 망고나무 숲에 머물러 있을 때였다.

어느 날, 탁발을 마치고 사위성을 나오시던 부처님은 논밭을 갈던 농부들이 소와 쟁기를 팽개치고 황급히 도망치는 모습을 보았다. 모두가 공포에 질린 얼굴이었다.

마침 농부들이 살던 마을로 탁발을 나갔던 제자 스님들도 겁에 질린 채 발우도 던져버리고 달려오고 있었다.

"부처님, 어서 몸을 피하십시오. 살인귀가 나타나 칼과 도끼를 들고 보이는 사람마다 죽이고 죽인 사람들의 손가락을 하나씩 베어 목걸이를 만들어 걸고 다닙니다. 피투성이의 끔찍스러운 모습입니다."

"안심하여라. 살인귀라면 내가 그를 제도하리라."

부처님은 제자들이 달려왔던 길을 성큼성큼 거슬러 올라가셨다. 그때 마침 저만치 살인귀 암굴리말라가 칼과 도끼를 들고 미친 듯 달려오고 있었다.

"꼼짝하지 말라. 너를 죽여 도인이 되겠노라!"

"불쌍한 암굴리말라야, 어서 오너라! 어서 와서 나를 죽이고 도인이 되어라."

그는 부처님을 보자 멈칫거리며 우뚝 서서 부들부들 떨었다.

"어? 이게 웬일이지? 몸이 말을 듣지 않아."

부처님이 신통술로 그를 그 자리에서 꼼짝할 수 없도록 몸을 굳게 만든 것이었다. 암굴리말라는 호통만 칠 뿐 한걸음도 발을 뗄 수가 없자 두려움에 소리를 치며 울기 시작하였다. 부처님이 그에게 말했다.

"암굴리말라야, 나는 여기 이렇게 서 있다. 네가 나에게 오지 못할 뿐이다. 어서 오너라. 이 가엾은 수행자야."

"으— 흐흐흑!"

그제서야 암굴리말라는 정신을 차리고 손에 쥐고 있던 칼과 도끼를 던지고 부처님 앞에 엎드려 큰 소리로 울었다. 그리고 그동안 끔찍스러운 일을 저지른 경위를 설명하였다.

"부처님, 저는 참으로 어리석은 중생입니다. 일곱 살에 집을 나와 대바라문의 집에서 20여 년간 수행하며 공부를 했습니다. 그런데 진리를 깨우치기는커녕 이렇게 천인공노할 살인마가 되어버리고 말았습니다. 으—흐흐흑!"

"너는 어찌하여 사람을 짐승처럼 죽이게 되었느냐? 그리고 그 손가락 목걸이는 또 무엇이냐?"

"예. 말씀 드리지요."

어느 날, 그의 늙은 스승이 외출한 뒤 젊은 부인은 그를 유혹했다고 하였다. 암굴리말라는 '스승의 아내는 어머니와 같다.' 고 말하며 그의 유혹을 물리쳤는데, 모욕을 느낀 그 스승의 아내는 방안으로 들어가 스스로 옷고름을 풀어헤치고 발가벗은 채 누워 신음을 하며 성폭행을 당한 것처럼 미친 듯 행동하였다. 그리고 남편이 돌아오자 울면서 자신이 성폭행을 당했다며 자신을 모함을 하였단다.

"뭐야? 이런 벼락을 맞을 놈 같으니—. 암굴리말라가 스승의 아내를 농락했다고? 이런 짐승만도 못한 놈을 내가 제자로 받아들여 20여 년을 가르쳤단 말이냐?"

그의 스승은 화가 나서 그에게 사람으로는 차마 할 수 없는 무서운 일을 사주하였다고 하였다. 그 스승은 조용히 그를 가까이 불러서 말했다.

"나의 사랑하는 제자 암굴리말라야. 빨리 깨달음을 얻고 싶으냐?"

"스승님, 그 깨달음을 위해 지금까지 인욕보살의 마음으로 수행하여 왔사옵니다."

"그렇구나. 그럼, 너는 내가 시키는 대로 하라. 내일 해가 뜨자마자 하루 동안 100사람의 목을 베고 손가락을 1개씩 잘라 목걸이를 만들어 목에 걸어라. 그리하면 도를 성취할 것이니라."

그의 스승은 도끼와 칼을 주며 그 일을 성취하기 전에 교단으로 돌아오지 말라며 쫓아냈다고 하였다.

부처님은 울고 있는 암굴리말라에게 말했다.

"이 가엾은 암굴리말라야. 어리석음은 이렇게 죽음보다도 무섭고 고통과 괴로움을 겪게 되는 것이다. 너는 나의 제자가 되어 너로 하여금 비참하게 죽은 중생을 위해 평생 속죄하며 살도록 하여라."

부처님은 암굴리말라의 머리를 직접 깎아주고 제자로 맞이하셨다. 그리고 제자들 앞에서 선언하셨다.

"보아라. 여기 어제의 살인귀 암굴리말라가 나의 제자가 되었다. 이제부터 암굴리말라는 나의 제자이다. 두려워하지 말라. 이 사람도 한때 맑은 마음으로 수행하던 수행자이니라."

다음 날 새벽 암굴리말라는 다른 스님들과 발우를 들고 탁발을 나갔다가 길가에서 아기를 낳으려는 산모를 보았다. 그 산모는 살인귀가 머리를 깎고 부처님의 제자가 된 것을 보고 그 자리에서 까무러치고 말았다. 그는 급히 부처님에게 달려와 물었다.

"스승이시여, 지금 어떤 산모가 길에서 아기를 낳으려다가 저를 보고는 까무러쳐서 사경을 헤매고 있습니다. 어찌 그를 구해야 하옵니까?"

부처님은 암굴리말라의 자비스런 마음을 칭찬하며 말했다.

"암굴리말라야, 어제의 살인귀가 오늘은 사람을 살리는 활인의가 되었구나. 너는 그에게 다가가 바로 서서 만(卍)자를 그리고 '난 태어나서 지금까지 한 번도 사람을 죽인 일이 없다'고 소리쳐라. 그러면 산모는 아기를 순산하고 고통을 덜게 될 것이니라."

그 말을 들은 암굴리말라는 자신의 지은 죄를 새삼 깨닫고 눈물을 흘리며 말했다.

"부처님, 저는 그동안 수십여 명의 죄 없는 사람들을 죽인 살인귀입니다. 제가 어찌 그런 거짓말을 할 수가 있겠습니까?"

"암굴리말라야, 너는 어제의 살인귀가 아니오. 오늘은 사람을 살린 의로운 사람이다. 네가 스님이 된 이후로 사람을 죽인 일이 있었느냐? 너는 계를 받아 새로 태어난 수행자이다. 사람은 몸만 태어났다고 사람이 아니라 정신적인 탄생이 중요한 것이니라."

"예. 부처님 말씀대로 하겠습니다."

암굴라말라는 그제서야 부처님의 말뜻을 이해하고 그 산모에게 달려가 바르게 서서 만(卍)자를 그리고 '나는 새로 태어난 후 한 번도 사람을 죽인 일이 없다.'고 세 번을 외쳤다. 그러자 산모는 잠시 후 아무런 고통 없이 건강한 아기를 낳았다.

"뭐? 살인귀가 사람을 죽인 일이 없다면서 아기를 낳게 했다고? 으흐흐. 재수 없는 일이야. 아기를 위해서라도 비구가 된 그 놈을 때려 죽여야 한다."

이 소식이 전해지자 그동안 암굴라말라에게 부모와 자식, 형제를 잃은 사람들은 몽둥이를 들고 달려와서 그를 사정없이 내리쳤다. 그들은 암굴라말라가 거의 죽음에 이를 때까지 몽둥이질을 멈추지 않았다. 그 때 누군가 소리쳤다.

"멈추어라. 저기 부처님이 오고 계신다."

그들은 저만치 부처님이 다가오는 것을 보고야 슬금슬금 도망을 가고, 몇은 분하고 슬픈 마음에 가슴을 치며 울음을 터트렸다. 암굴라말라는 피투성이가 된 몸뚱이를 일으켜 부처님에게 합장 예를 올리고 엎드려 이렇게 말했다.

"거룩하신 스승이시여, 이제 저는 죽음이 두렵지 않습니다. 삶도 원하지 않고 인연을 돌이켜 열반에 들겠사옵니다. 이 못난 제자를 용서하여 주옵소서."

살인귀 암굴라말라는 그대로 숨을 거두었다. 이 소식을 듣고 달려온 제자들에게 부처님은 말씀하셨다.

"제자들아, 여기 암굴라말라의 열반을 보아라. 그는 열반에 들었지만 세상에 머무르며 '탄생불'로 산모들의 고통을 덜어주고 아기들에게 건강한 행복을 주는 보살의 길을 걸을 것이니라." 하고 수기하셨다.

■ 수닷타장자와 기원정사

　부처님의 가르침은 포교를 떠난 제자들에 의해서 인도 전역으로 퍼져갔다. 그래서 부처님과 수행자들에게 공양하고 거룩한 가르침을 듣기 위해 하루에도 수천여 명의 사람들이 죽림정사를 찾아왔다.
　하루는 왕사성의 이름 있는 장자가 부처님과 제자 스님들에게 공양하겠다는 초청장을 보내왔다. 그는 초청장을 보내고 집을 수리하고 맑은 황토를 퍼다가 길을 닦고 꽃을 심었다. 마침 이 장자의 집에 손님으로 왔던 코살라국에 살고 있는 수닷타 장자가 이 모습을 보게 되었다.
　"집 안팎을 꾸미시는 것을 보니 국왕이 이 집에 오십니까?"
　"아닙니다. 석가모니 부처님과 제자 스님들을 모시기 위해서입니다. 지금 석가모니 부처님이 죽림정사를 나오시어 이 근처 슈타바나 숲에서 가르침을 베풀고 계십니다."
　"아 그렇습니까? 그 분의 이름은 듣고 있었지만, 저도 그 부처님을 뵈올 수가 있을까요?"
　"그럼요. 오늘은 저녁에 석강이 있다고 들었는데 강의를 마칠 무렵에 찾아가시면 만나 뵐 수 있을 것입니다."
　처음으로 석가모니 부처님의 이야기를 들은 수닷타 장자는 그날 밤 슈타바나 숲으로 부처님을 찾아갔다.
　그는 많은 재물을 가지고 가난한 자와 외롭게 사는 사람들에게 먹을 것과 입을 것을 나누어 줌으로 고향에서는 '급고독' 이라 불리는 장자였다.

수닷타 장자는 부처님이 진리의 가르침으로 많은 사람들에게 평화와 자유를 만끽하게 한다는 말에 잠을 이룰 수가 없었다. 그가 부처님을 찾아갔을 때는 강의가 끝나고 많은 스님들이 나무 밑이나 땅바닥에 모두 잠자리를 준비하고 있을 때였다. 수닷타는 쉽게 부처님을 발견할 수 있었다.

부처님은 수닷타가 숲속 여기저기에 누워 잠든 스님들을 바라보며 측은한 표정을 짓고 있는 것을 보고 이렇게 말했다.

"수닷타장자여, 슬퍼하지 말라. 이런 곳에서 평안히 잠들 수 있는 것은 마음에 아무런 걸림과 걱정이 없기 때문이다. 마음과 몸을 고르게 하여 악행을 제어할 수 있으면 아무 곳에서나 편안히 잘 수 있다."

"부처님, 저를 제자로 받아주십시오. 저는 삼보에 귀의하여 살생을 하지 않고 도둑질을 하지 않으며, 음란하지도 망령된 말을 하지도 않고, 술을 마시지 않는 5계를 지키겠습니다."

수닷타는 부처님의 가르침을 배워 실천하는 재가 신도가 되기를 청하였다.

수닷타는 먼동이 터 올 무렵까지 부처님과 이야기를 나누다가 부처님에게 코오살라국 방문을 요청하였다.

"부처님, 부처님이 제 고향을 방문해 주신다면 가사와 음식을 공양하고 잠자리와 약을 갖추어 병든 비구스님들을 치료할 수 있게 하겠습니다."

부처님은 수닷타 장자를 위해 보시의 공덕을 들려주고 코오살라국 방문을 쾌히 승낙하셨다.

"수닷타야, 북쪽으로 전도여행을 하고 싶지만 따르는 수행자가 많다. 넓고 나무가 많은 숲이 없다면 안주할 수가 없어 망설이고 있었다."

"부처님, 그러시다면 제가 부처님과 스님들이 안주할 수 있는 절을 지어드리겠습니다. 수행공간을 잘 아시는 스님 몇 분을 천거해 주시면 용도에 맞게 절을 짓도록 하겠습니다.

"수닷타야, 고맙구나. 그대의 공덕은 후에 큰 열매를 맺게 될 것이니라."

고향으로 돌아온 수닷타는 큰 절을 지을만한 곳을 찾아 사위성 안을 두루 돌아보았다. 그는 며칠을 헤매다가 프라세나짓왕의 제타태자의 너른 장원이 생각났다. 그곳은 나무가 무성한 숲 사이로 맑은 시냇물이 흐르고 아름다운 호수를 끼고 있을 뿐 아니라 사람을 해치는 벌레나 사나운 짐승이 살지 않는 너른 초원이었다.

그는 그곳에 절을 지을 생각을 하고 소유자인 제타태자를 찾아가 말했다.

"태자님, 이 숲에 절을 지어 훌륭한 수행자들의 수행공간으로 가꾸고 싶습니다. 이 장원을 제게 파십시오."

"예? 아니 그게 무슨 말입니까? 내가 언제 이 장원을 판다고 했던가요? 팔다니요. 안팝니다. 금은보석으로 이 장원을 덮을 수가 있다면 몰라도 그 전에는 팔 생각이 전혀 없습니다."

"아, 그럼 제가 살 수 있는 방법이 없는 게 아니군요. 태자님, 제가 금과 은, 보석이 떨어지면 말과 소라도 끌어다 장원을 채우겠습니다. 꼭 저에게 이 장원을 파십시오."

"아무리 졸라도 팔지 않겠습니다."

제타태자는 자신이 팔지 않겠다는 말을 완곡하게 표현하면 물러설 줄 알았던 수닷타장자가 다음 날부터 집에 있는 패물과 장신구는 물론 금과 은을 싣고 와서 장원의 한쪽부터 덮고 있는 것을 보고는 기가 찼다. 며칠을 지켜보던 태자는 수닷타를 찾아와 말했다.

"장자님, 제가 졌습니다. 금은보화도 하찮게 생각하시고 수행자들을 위한 수행공간을 지어 주려는 마음 이제 알겠습니다. 제가 무상으로 드릴 테니 좋은 일에 사용하도록 하십시오."

"감사합니다. 태자님!"

수닷타는 부처님의 제자 중에 사리풋다 존자를 모셔와 공사를 감독하여 2년 만에 큰 전당과 60여 채의 크고 작은 기도 장을 포함하는 훌륭한 정사를 지었다. 이 정사가 바로 각종 경전 속에 나오는 '기원정사' 이다.

기원정사터

이 정사를 짓는 동안에도 많은 이교도들은 종교교리에 대해 토론을 요청해오고 온갖 민원을 제기하여 공사가 한때 중단되기도 했지만, 부처님 다음으로 지혜가 뛰어난 사리풋다 존자는 그들과의 논쟁을 말끔하게 굴복시키고 제자로 맞이했다.

이 기원정사 일명, 기수급고독원은 인도의 많은 왕들이 부처님의 설법을 듣고 출가를 했던 유서 깊은 불교의 성지가 되었다.

■ 경전바라문과 난타

부처님이 새로 지은 기원정사로 떠나시기 전 전염병으로 심하게 앓으셨다.

이 소식을 들은 마가다국 빔비사라왕은 걱정이 되어 자신의 주치의인 지바카를 보내 부처님의 병세를 살피게 하였다. 그런데, 지바카가 죽림정사의 부처님을 찾았을 때 그곳에는 부처님뿐만 아니라 많은 스님들이 똑같은 전염병으로 앓고 있었다. 그것은 더러운 옷과 비위생적인 식사 때문이라는 것을 쉽게 알 수 있었다.

이 당시 수행자들이 입고 있는 옷은 쓰레기더미나 공동묘지 주변에서 주워온 '분소의(糞掃衣 : 시체를 감싸던 옷이나 천)'로 더럽고 지저분한 것들이었다.

그 옷을 깨끗하게 빨아서 햇볕에 말려 소독하지도 않은 채 아무렇게나 걸치고 다녔다. 그리고 이들이 먹고 있는 음식은 공양을 받지 못할 때는 굶고, 어쩌다 많은 음식을 얻었을 때는 며칠씩 두고 먹었기 때문에 부패하여 배앓이를 하는 이가 많았다. 그래서 전염병은 끊이지 않았고, 일단 병에 걸리면 거친 식생활을 이겨내지 못하고 목숨을 잃곤 하였다. 그러나 지바카는 그러한 생활을 부처님에게 감히 진언할 용기가 나지 않았다.

그는 며칠을 망설인 끝에 깨끗하게 지은 옷 두 벌을 들고 부처님을 찾아가 뵙기를 청하였다.

"거룩하신 부처님, 이 옷은 제가 입기에는 너무 훌륭한 옷입니다. 이 옷을 받아 주십시오. 그리고 다른 비구들에게도 여러 가지 병의 원인이 되는 누더기를 벗어버리고 새 옷을 입도록 허락하여 주십시오."

"지바카야, 고맙다. 나의 제자들은 사물에 구애받을 필요가 없다. 헌옷을 즐기는 사람은 누더기를 입어도 좋지만 자주 빨아서 햇볕에 소독하여 입도록 하여라. 그리고 새 옷을 원하는 자는 새 옷을 입어도 좋다."

"감사합니다."

이 소식을 들은 왕사성의 많은 재가 불자들과 출가 수행자가 있는 집에서는 다투어 가사를 지어 죽림정사로 보냈다. 지금도 큰 절에서 매년 스님들을 위해 신도들이 가사불사를 준비하는 것은 이때 의사 지바카의 가사공양에서 유래된 것이다.

어느 날, 부처님은 세 명의 제자들과 탁발을 나섰다.

부처님의 탁발은 남다른 데가 있어서 하루에 한 끼씩 먹는 음식도 꼭 일곱 집에서 조금씩 얻어서 해결하곤 하였다.

그날은 마침 부모의 제사를 마치고 일가친척들과 음식을 나누어 먹고 있는 장자의 농원에 가게 되었다. 마침 그 농원 근처에서 일하던 농부들도 상자의 제사음식을 나눠 먹고 있었다.

이때, 누각 위에서 부처님과 그 제자들이 탁발 오는 것을 본 경전 바라문은 그 일행을 크게 혼내주어야 하겠다고 벼르고 있었다. 그는 '많은 젊은이들이 일은 하지 않고 밥만 빌어먹고 있으니 농사 지을 사람도 없게 되었다.' 고 불평하던 사람이었다. 그는 교단의 우두머리인 부처님을 설득시키면 많은 이들이 속가의 집으로 돌아가 농사를 짓게 될 것이라고 믿었다. 그래서 부처님과 제자들이 장자의 집에서 음식을 청하자 대뜸 이렇게 말했다.

"수행자여, 당신도 음식이 필요하면 밭갈이를 하고 드시오."

"나도 밭갈이를 하고 음식을 먹습니다. 믿음은 씨요 믿음을 가다듬는 것은 비며, 지혜는 보섭이요 삽이요 부끄러움은 멍에입니다. 생각은 밧줄이며 깨달음은 그 결실입니다."

"……."

경전 바라문은 부처님의 비유 설법을 듣고야 문득 육체적인 노동과 정신적인 노동의 가치를 이해하게 되었다. 그는 무릎을 꿇고 자신이 부처님과 그 제자들을 괴롭히려고 했다는 것을 고백하였다.

"거룩하신 부처님, 당신은 정말 훌륭한 농부이십니다. 저의 마음 밭을 갈아서 기름지게 가꾸어 주십시오."

경전 바라문은 그 길로 부처님을 따라 죽림정사에 들어가 머리를 깎고 비구스님이 되어 훗날 교단의 중진 스님이 되었다.

이 무렵, 아시타 선인의 조카인 난타는 나이 46세의 늙은 총각이었다. 그는 삼촌인 아시타 선인의 가르침을 받고 카필라성의 왕자 싯다르타가 출가하여 부처님이 되기를 고대하고 있었다. 그리고 어느 날 마침내 왕세자가 출가하여 수행자가 되었다는 이야기를 전해 들었다.

'싯다르타 왕자님이 수행자가 되었다는 이야기는 들었는데 도대체 언제 부처님이 될까?'

가끔 카필라국에 사람을 보내 알아보곤 하였지만 싯다르타 왕자의 소식은 알 수가 없었다.

'부처님이 되시면 무슨 소문이라도 들려오겠지. 삼촌 말씀대로라면 나는 살아서 부처님을 만날 수 있을 거야.'

난타는 열심히 공부하면서 결혼을 하지 않고 일을 했다.

어느 날, 난타는 갠지스 강에 나가서 목욕을 하고 나오다가 예쁜 아가씨 둘이서 은알과 금알이 담긴 발우를 손에 들고 노래를 부르는 모습을 보게 되었다.

'처녀들이 마술을 하는 것도 아니고 웬일이지?'

난타는 그 처녀들의 모습이 이상하여 가까이 다가가서 물었다.

"당신들이 부르는 노래는 무슨 뜻입니까?"

처녀들은 노래를 부르다 말고 시를 읊듯이 그에게 질문을 하면서 그 질문에 대답을 할 수 있으면 스스로 아내가 되어 함께 살겠다고 하는 것이었다.

"질문해 보십시오. 난 20여 년 전에 돌아가신 아시타 선인에게 수학한 난타라는 사람이오."

"알겠습니다. 무엇이 스스로 존재하기에 물드는 것을 물이 들었다고 합니까? 그리고 어떤 것을 청정이라 하고 어리석다고 합니까?

또 어리석은 사람은 왜 어리석고 어떤 사람을 지혜 있는 사람이라고 합니까?"

"질문이 또 있습니까?"

난타는 금발우를 든 처녀에게 물었다.

"예. 있습니다. 모든 사물은 왜 모이면 다시 흩어져 인연이 다하는지 그것이 궁금합니다."

난타는 30여년 가까이 고행하며 공부를 하였지만 두 처녀의 수수께끼 같은 질문을 받고 머리를 저으며 그 자리를 떠나야 했다.

'내가 공부를 게을리 하였구나. 그 다섯 가지 질문 중에 한 가지도 대답할 수가 없다니 나는 지금까지 무엇을 했단 말인가?'

난타는 자신의 무지를 깨닫고 자포자기 마음으로 진리를 깨우쳐 줄 스승을 찾아 유랑의 길을 떠났다. 그러나 어느 교단의 스승이나 법사들에게서도 난타에게 그 처녀들이 질문한 내용을 명쾌하게 설명을 해 주는 사람이 없었다.

마침 어느 장자의 집에서 만난 비구가 그 질문을 듣고 말했다.

"난타님, 제 스승이 지금 진리를 깨우쳐 부처님으로 수행자들로부터 추앙을 받고 있으니 그 질문을 명쾌하게 답변해 줄 것입니다. 저와 우리 스승을 만나보시지 않겠습니까?"

"아, 그렇습니까? 그럼, 만나러 가겠습니다. 저는 이 질문의 답을 알기위해 수년 동안 많은 스승을 만났었습니다. 저를 인도하여 주십시오."

난타는 그 비구를 따라가 그의 스승에게 무릎을 꿇고 법문을 청하였다. 그리고 자기가 의문을 가지고 있던 다섯 가지의 의문을 물었다.

"난타야, 눈, 귀, 입, 혀, 뜻의 마음이 자제로운 까닭에 근본이 되는 마음에 물든 것을 물들었다고 한다. 그리고 물든 것이 없는데도 물듦으로 어리석다고 하는 것이다."

난타는 어린아이처럼 펄쩍 뛰며 박수를 쳤다.

"아, 그렇습니다. 이제야 안개 속에 있던 진실을 알게 되었습니다."

"난타야, 큰물에 빠진 까닭에 방편을 다했다고 하고 일체 방편을 다한 것을 일러 지혜로운 사람이라고 한다."

부처님은 난타의 마음을 꿰뚫어 보듯 그렇게 말하고 제자들에게 난타를 큰길까지 배웅하라고 일렀다.

난타는 부처님께 공손히 예배를 하고 일어섰으나 그가 삼촌 아시타 선인이 일러준 석가모니 부처님이라는 것은 모르고 있었다. 이미 오래전에 스승을 정해 귀의해도 되었지만, '석가모니 부처님을 만나 제자가 되라.'는 삼촌 아시타 선인의 유언을 지키고 싶었기 때문이었다.

난타는 2년 전 자기에게 다섯 가지 질문을 했던 처녀들을 찾아갔다. 그리고 그 처녀들에게 부처님이 일러준 답을 들려주었다. 그러자 그 처녀들과 아버지인 용왕이 감격하여 난타에게 무릎을 꿇고 예배하였다.

"훌륭한 존자님, 이것은 오직 부처님만이 대답할 수 있는 질문입니다. 성자여, 어서 오십시오."

"용왕이시여, 아닙니다. 나는 어느 정사에서 그 대답을 들었습니다. 난 성자가 아닙니다."

그러자 용왕은 그 질문은 부처가 아니고는 풀 수가 없는 삼라만상의 비밀스런 가르침이라며 그가 만난 비구를 소개받겠다고 졸랐다. 그리고 난타와 처녀의 아버지 용왕은 자신들이 찾던 부처님이 바로 죽림정사의 석가모니 부처님이라는 것을 알고 스스로 머리를 깎고 제자가 되었다.

이때 출가한 난타는 훗날 화씨성의 문다왕을 제도하는 교단의 큰 지도자가 되었다.

5. 둥글고 밝은 빛

■ 기원정사의 준공과 부처님의 귀향

수닷타 장자가 지은 기원정사가 완공되자 부처님은 우기(雨期)를 피해 제자들과 죽림정사를 떠났다. 그리고 도중에 많은 사람들을 만나 교화하였다. 이때 코살라국 프라세나짓왕이 신하들과 부처님을 찾아와 그가 정말 백성들이 우러러 보는 부처님인지 시험해 보려고 하였다. 그는 대뜸 이렇게 반말로 부처님에게 물었다.

"수행자여, 다른 비구들은 늙도록 고행을 하여도 진리를 깨우쳐 알지 못하는데 당신은 아직 젊은 나이에 어떻게 고귀한 진리를 깨우칠 수가 있었는가? 부처가 되었다는 말이 사실인가?"

"왕이시여, 말씀드리지요. 많은 사람들은 작고 어린 것을 업신여기는 그릇된 마음을 가지고 있습니다. 그러나 결코 업신여길 수 없는 것이 있으니 그것은 한 나라의 왕자이고 작은 용이며, 작은 불씨와 어린 비구입니다."

그래도 프라세나짓왕은 그 말의 뜻을 이해하지 못하고 그 네 가지 이유를 들려달라고 했다.

"왕이시여, 왕자는 작지만 자라서 왕이 되고 작은 용은 자라서 큰 용이 됩니다. 그리고 불씨는 작다고 해서 무시할 수 없고, 어린 비구는 마음을 청정하게 갖고 잘 수행하면 무상의 깨달음을 얻을 수 있습니다. 대왕께서 진리를 깨닫고 대오를 얻어 중생을 이끄는 자를 헐뜯어 욕하면, 그 죄가 무겁고 뒤에 뉘우쳐도 때가 늦습니다."

그러자, 왕은 자세를 바로하고 정중하게 부처님의 가르침을 청했다.

이 무렵, 카필라성의 정반왕은 이웃나라 왕의 편지를 통해 아들인 싯다르타가 죽림정사를 떠나 새로 지은 북쪽의 기원정사에 머무르고 있다는 소식을 들었다. 기원정사는 카필라성과 그리 멀지 않은 곳이었기 때문이었다.

그동안 정반왕은 아홉 차례나 신하들을 부처가 된 싯다르타에게 보냈으나 그때마다 신하들은 부처님의 제자가 되었기 때문에 아무런 소식도 모른 채 12년을 답답하고 그리운 마음으로 지내왔다. 그러던 중 싯다르타를 만난 이웃나라 코살라국왕의 두 번째 편지를 받고서야 부처가 된 싯다르타가 고향으로 돌아갈 뜻이 있다는 것과 감화력이 놀라워 만나는 사람은 누구나 출가를 결심할 것이라는 우려사항도 듣게 되었다.

'그렇다면 심지가 굳은 사람을 보내야 하겠군.'

며칠을 망설이다가 정반왕은 어린 시절 싯다르타와 함께 공부하던 우다인을 가까이 불렀다.

"우다인, 부처가 된 세자를 마중해야 하는데 마땅한 사람이 없구

나. 그대가 왕명을 가지고 다녀오면 어떻겠느냐? 세자를 찾아간 신하들이 설법을 듣고 감화되어 모두가 비구가 되어 버리니 진정 가슴이 아프구나."

"마마, 이 우다인마저 비구가 된다면 천지가 뒤바뀔 것이오니 염려 마시고 저를 사절로 보내주십시오."

"그래. 천지가 뒤바뀔 것이라고? 호오, 자신감이 넘쳐 보이는구나. 그대가 수고 좀 해 다오."

정반왕은 우다인에게 편지를 주어 부처가 된 싯다르타에게 보냈다.

그런데 기원정사에 도착한 우다인은 싯다르타의 모습을 보고 깜짝 놀랐다. 10여 년을 보지 못한 사이에 왕세자는 너무도 의젓하고 기품

기원정사

있는 도인으로 변해 있었기 때문이었다. 그는 부처가 된 옛 친구가 수많은 제자들 앞에서 저녁 설법을 하는 것을 듣고는 자신이 기원정사에 찾아온 목적도 잊은 채 부처님의 제자가 되고 말았다.

우다인이 기원정사에 온지 사흘째가 되던 날, 부처님은 누군가 등 뒤에 '귀래(歸來)' 라는 글씨가 새겨진 옷을 입은 이를 발견하고 가까이 불렀다.

"우다인, 너였구나. 네가 온 줄 몰랐다. 어인 일이냐? '귀래' 라고 쓰인 그 옷은 무엇이고?"

"부처님, 부왕께서 부처님에게 전하라는 편지를 가지고 왔습니다. 제가 부처님의 제자가 되어 돌아오지 않을까 하여 왕께서 혹시나 하여 지은 이 옷을 입게 되었습니다."

"허허, 그렇구나. 우다인 너는 지금 돌아가서 부왕께 전하여라. 이래 뒤에 이곳을 떠나 찾아뵙겠다고."

"예? 이레 뒤에요? 감사하옵니다. 부왕마마뿐 아니라 왕비마마와 세자비, 카필라성 온 백성들이 환영할 것이옵니다."

"무엇이? 세자가 돌아오겠다고 했다고?"

부처님의 귀향 소식은 궁궐 사람들을 흥분의 도가니로 몰아넣었다. 정반왕은 전국에 포고령을 내려 전 백성이 그의 귀향을 환영하게 하였다. 그래서 카필라국과 코살라국에 이르는 마찻길을 깨끗하게 정비하고 도로 연변에는 꽃나무를 심어 단장하게 하였다.

마침내 부처님은 1천 5백여 비구들과 궁궐을 떠난지 12년 만에 고향인 카필라로 돌아왔다. 부처님은 고향에 돌아와서도 곧장 카필라성안으로 들어가지 않고 사슴동산에 머무르면서 가끔 성안으로 탁발을 나갔다.

정반왕이 혀를 차며 한숨을 지었다.

"하, 세자가 무엇이 못마땅해서 미천한 백성들 앞에 석가족과 우리 왕가의 망신을 시키고 있단 말이냐? 당장 궁성으로 들어오라고 하여라."

정반왕은 신하들로부터 부처님이 된 아들의 행색을 보고받고 화가 나서 그렇게 외쳤다. 그러나 부왕의 이런 명령도 부처님에겐 소용이 없었다. 기다리다 못한 정반왕은 신하들을 거느리고 그가 머물고 있는 니그로다 숲으로 찾아 나섰다. 그리고 숲 가장자리 바위아래 가부좌를 틀고 앉은 아들의 단정한 모습을 보게 되었다. 하지만, 12년 만에 만나는 보고픈 아들이었지만 감히 아들의 이름을 부를 수가 없었다.

특히, 누덕누덕 기워 입은 옷과 옆에 놓인 빈 밥그릇을 보는 순간 불쌍하고 측은한 생각에 마음이 미어지는 듯하였다.

이때 명상에서 깨어난 부처님이 부왕을 알아보고 자리에서 일어나 부왕을 맞았다.

"아버님, 어서 오십시오. 무엇을 그리 슬퍼하고 계십니까?"

"세자야, 이 모습이 무엇이냐? 무엇이 마음에 들지 않아 궁성에 들어오지 않고 밖에서 맴돌고 있는 것이냐?"

"아버님, 저희들은 저희 선조가 행하여온 오랜 관습을 따를 뿐입니다."

"세자야, 너의 선조 중에는 비렁뱅이 거지는 없었다. 왕손이면 왕손답게 행동하고 바르게 살아야 하지 않겠느냐?"

"아버님, 제가 말씀드린 선조라 함은 집에 있을 때의 선조를 말한 것이 아니라 출가한 사람의 선조에 대한 것입니다. 저희는 관습을 따르며 바르게 행동하고, 바른 생각으로 살며, 바르게 세상 사람들을 가르치고 있습니다."

"아무튼, 너와 너를 따르는 비구들을 모두 궁궐로 초대할 테니 성안으로 들어오너라."

그래서 석가모니 부처님과 1천 5백여 명의 비구들은 며칠 동안 궁성 안에서 지내게 되었다. 이모와 야쇼다라는 부처가 된 싯다르타가 어쩌면 왕위를 계승하게 될지 모른다는 생각에 가슴이 뛰었다. 그러나 부처님의 마음은 조금도 흔들림이 없었다.

어느 날 부왕이 가족들을 한자리에 모았다. 그 자리에서 부처님은 모두에게 자신에 대한 기대를 접지 않은 가족을 위해 설법하였다.

"나의 출가는 많은 사람들의 폐를 끼쳤습니다. 그러나 나는 긴 수행 끝에 죽음을 두려워하지 않는 길을 찾았습니다. 나와 제자들은 왕실 가족들이 먹을 수 없는 허접한 것을 먹지만 마음은 평안하고 즐겁습니다. 인생은 덧없는 미혹스러운 것이며, 괴로움입니다. 그러나 그것을 잘라 없애면 그 건너편에 있는 열반의 언덕에 이를 수가 있습니다."

이 때, 왕실에서는 이모 마하파자파티의 몸에서 태어난 이복동생 아난다의 결혼을 앞두고 있었다. 부처님은 세자궁으로 야쇼다라를 찾아갔다.

야쇼다라는 궁궐 안에 부처님이 와 있다는 소식을 듣고 그동안 세자비가 영특하지 못해 세자가 출가를 하였다는 질책과 사촌인 데바닷다의 끊임없는 유혹을 뿌리치며 힘겹게 살아온 회한에 눈물을 흘리고 있었다. 부처님이 야쇼다라의 앞에 앉아 말했다.

"야쇼다라, 슬퍼하지 마시오. 나는 당신과의 오랜 약속을 실천하고 그대로 옮겼을 뿐이오."

"오랜 약속이라고요?"

"그래요. 들어보시오. 옛날 내가 선혜동자로 있을 때 나는 연등부처님에게 공양할 꽃을 구하고 있었소. 그때 당신은 나에게 약속을 했지요. 꽃을 드릴 테니 세상에 둘도 없는 부부가 되게 해 달라고요. 그때 나는 깨달음을 얻어 부처가 될 때 이별을 해도 좋으면 그렇게 하자고 말했었어요."

부처님은 과거 세상에서 구리선녀로 있었던 야쇼다라와의 인연을 이야기 해주자 그는 잊고 있었던 모든 것을 깨닫고 눈물을 주르르 흘렸다. 그는 부처님의 설법을 듣고는 라홀라의 아버지이자 남편이었던 부처님에게 예배하고 직접 차를 끓여 그와 제자 사리풋다 존자에게 공양을 하였다.

■ 석가족 왕자들의 출가

아버지 정반왕과 아내였던 야쇼다라까지 불교에 귀의시킨 부처님은 생활에 불편함이 없는 궁궐을 떠나 비구들과 다시 사슴동산으로 수행처를 옮겼다.

며칠 후, 부처님은 다시 석가족과 궁녀들을 위해 설법을 하였다. 그날 광장에서 설법을 마친 부처님은 궁성을 나오다가 이복동생인 아난다를 만나게 되었다. 아난다는 이웃나라 손타리와 결혼하고 세자로 책봉될 예정이었다.

"형님, 목이 마르실텐데 제가 벌꿀을 물에 타서 공양하게 하여 주십시오."

"벌꿀을? 아난다야, 네 뜻대로 하여라."

아난다는 부처님의 발우를 받아들고 곧 수라간에 가서 발우에 벌꿀을 가득 따라서 들고 나왔다. 그러나 부처님은 그 발우를 받지 않고 궁궐을 떠나 사슴동산으로 돌아왔다.

그 당시 인도의 풍습에는 승려의 발우를 받았다가 받지 않으면 그가 받아서 지닐 때까지 따라가서 주게 되어 있었다. 그래서 아난다는 할 수 없이 부처님이 많은 제자들과 수행하고 있는 숲속에까지 따라오게 되었다.

부처님은 사리풋다에게 지시하였다.

"사리풋다야, 저 아난다의 머리를 깎아 비구를 만들어라!"

"예? 아난다를요? 세존이시여, 부왕께서 진노하실 텐데요. 저 왕자는 카필라국의 왕위를 이을 세자요 며칠 후면 손타리 공주와 결혼하게 될 카필라국의 왕세자입니다. 정말 비구를 만드시라 하시면…."

"사리풋다야, 명예와 지위는 한순간에 일어나는 물거품과도 같다. 저 아난다의 머리를 깎아주고 나를 시봉하게 하여라!"

그것은 정말 놀라운 일이었다.

부처님은 지금까지 스스로 출가를 강요하거나 동의 없이 출가를 권장한 일이 없기 때문이었다.

아난다는 부처님의 뜻을 거역할 수가 없어 머리를 깎이고 제자가 되었지만 궁궐의 호화스런 생활이 그리워 견딜 수가 없었다. 특히, 며칠 후엔 결혼식을 올릴 몸이었다.

그는 아름다운 손타리 공주가 보고 싶어 미칠 것만 같았다. 그래서 숲에서 도망쳐 궁궐로 돌아가려고 하였다. 하지만 부처님과 비구들에게 들켜 번번이 꾸중만 듣고 돌아섰다.

어느 날 부처님이 카필라성 장자의 공양 초대에 간 것을 알고 아난다는 가사를 훌렁 벗어던지고 궁궐을 향해 달려갔다.

아난다가 성문 앞에 이르렀을 때 저만치 누런 가사를 입은 부처님과 제자들이 공양을 마치고 성을 나오고 있었다. 아난다는 도망갈 수도 없어 그 자리에 서서 벌벌 떨기만 하였다.

"아난다야, 너는 어디를 그렇게 급히 가느냐?"

"예. 각시가 될 손타리 공주가 보고 싶어 궁궐에 가고 있습니다. 저를 보내주십시오."

"아난다야, 너는 출가한 수행자가 아니냐? 출가한 사람이 속세의 인연에 연연해서 되겠느냐? 돌아가자!"

"예."

아난다는 할 수 없이 발길을 돌려 사슴동산으로 돌아오게 되었다.

부처님은 숲의 골짜기로 아난다를 데리고 가서 신통력으로 천사들이 사는 하늘세상을 보여주고 지옥의 고통스런 모습을 번갈아 보여주었다.

"아난다야, 이제 지옥세계가 어떠한지 잘 보아두어라."

마침 지옥문이 열리자 염라국의 사자들이 큰 솥에 기름을 끓이고 있었다. 이때 험상궂게 생긴 소의 머리를 한 우두나찰이 염라대왕에게 절을 하며 아뢰었다.

"염라부의 대왕마마, 아난다가 죄를 짓고 들어오면 기름 가마에 넣고 끓일 준비가 다 되었습니다."

"한 치의 소홀함이 없이하라. 죄인에게는 추호도 용서가 없으리니 그가 선업을 짓지 않는 한 반드시 이 지옥으로 들어올 것이니라."

"예이."

"부처님, 제가 저기 지옥에 가야 합니까?"

아난다는 울며 부처님의 오른팔을 끌어안으며 자신은 절대 지옥에 가지 않겠다고 외쳤다.

"아난다야, 잘 생각하였다. 지옥에 가서는 절대 안 된다. 그러기 위해서는 살아있는 동안 선한 일을 많이 해야 한다. 그 착한 일에는 몸으로 하는 것과 입으로 하는 것, 마음으로 하는 것 등 '마음을 닦는 10가지의 길'이 있다. 이를 '10선도'라 한다.

십선도

① 남을 살리는 일을 하여라.
② 남을 돕는 일을 하여라.
③ 깨끗한 생활을 하여라.
④ 성실한 생활을 하여라.
⑤ 바른 말을 하여라.
⑥ 화합할 수 있는 말을 하여라.
⑦ 착한 말을 하여라.
⑧ 베푸는 마음을 가져라.
⑨ 즐거운 마음을 가져라.

⑩ 슬기로운 마음을 가져라.

부처님은 왕자 아난다를 제자로 맞이하고, 1주일 만에 다시 카필라성으로 들어갔다. 부처님 곁에는 머리를 깎고 제자가 된 비구 아난다 왕자가 시자가 되어 따라왔다. 이 모습을 먼발치에서 본 야쇼다라는 아들 라훌라에게 말했다.

"라훌라야, 저기 오시는 분이 너의 아버지이시다. 저 분은 이 왕국을 다스릴 분이었으나 출가하여 부처님이 되셨다. 아난다 형이 부처님을 따라 비구스님이 되었으니 너는 달려가 네 아버지에게 이 카필라국을 상속받도록 하여라."

"예. 어머니!"

라훌라는 어머니의 말을 듣고 신이 나서 계단을 내려가 부처님 앞으로 달려갔다. 그리고 큰소리로 외쳤다.

"아버지, 제가 라훌라입니다. 아난다 형님이 비구가 되었으니 이 왕국을 저에게 상속하여 주십시오."

"뭐라? 이 나라를 너에게 상속해 달라고?"

부처님은 잠시 라훌라의 천진스런 얼굴을 바라보다가 곁에 있는 사리풋다존자에게 말했다.

"풋다야, 이 아이는 아버지에게 이 왕국을 상속해 달라고 한다. 그러나 왕위나 재물은 괴로움만 같게 하는 것을. 이 아이를 출가시켜라. 나는 라훌라에게 이 왕국보다 존귀한 내가 깨달아 지닌 모든 것을 상속하겠다."

사리풋다가 물었다.

"어린 라훌라를 출가시킵니까?"

"그래. 이 작은 왕국보다 귀한 불법을 가르쳐 법의 세상을 상속하겠다."

그 때문에 궁궐에서는 큰 소동이 일어났다. 세자로 책봉될 아난다와 종손인 라훌라마저 머리를 깎인 채 부처님의 제자가 될 줄은 꿈에도 생각하지 않았던 일이었기 때문이다. 그래서 정반왕 내외와 자신의 아들이 세자로 책봉될 것을 기대했던 야쇼다라는 그 충격이 대단히 클 수밖에 없었다.

"아, 이제 카필라국도 석가족도 문을 닫게 되었구나. 아, 늘그막에 이게 무슨 변괴란 말인가?"

정반왕은 충격이 커서 그만 자리에 눕고 말았다. 거기다 석가족의 사촌들과 육촌형제들까지 줄줄이 부처님의 설법을 듣고 출가를 하였으니 고민은 더 클 수밖에 없었다.

부처님은 초연한 모습으로 제자들을 이끌고 왕사성 죽림정사로 돌아가기 위해 카필라국 궁성에서 멀리 떨어진 아뉴피아 숲으로 가셨다. 이때 카필라국 다른 성에 살던 석가족 7명의 왕자들이 출가를 결심하고 아뉴피아 숲을 찾아오고 있었다. 그들은 이발사 우파리에게 자신들이 지니고 있던 말과 패물을 주고 길을 떠났다.

"이 말과 패물을 챙겨가지고 성으로 돌아가거라. 가기 싫으면 그 패물과 말을 팔아서 멀리 가서 너 혼자 살던지."

"왕자님들 저는 이대로 못 갑니다. 부왕께서 반드시 저를 죽이고 말 것입니다."

그래서 길가에서 울고 있었다. 해가 지고 달이 떠오를 무렵 우파리는 마침 수행자 일행과 출발이 늦어진 사리풋다존자를 만났다.

"보아하니 왕실 하인 같은데 왜 울고 있는가?"

"제가 모시는 왕자님들이 부처님을 따라 출가하셨습니다. 저는 이대로 궁성으로 돌아갈 수가 없어 제 처지가 막막하여 울고 있었습니다."

우파리는 왕실 이발사인 자기의 고민을 사리풋다존자에게 말했다.

"우파리야, 너도 출가의 뜻이 있느냐?"

"존자님, 이대로 돌아가면 저는 죽고 말 것입니다. 출가하여 평등한 세상에 살 수가 있다면 저도 출가하고 싶습니다."

그래서 우파리는 이발사의 천한 계층의 사람이지만, 사리풋다존자를 만나 왕자들보다도 먼저 출가하여 늦게 출가한 석가족 왕자들에게 선배 비구로서 예배를 받았다.

■ **겨자씨 세 알의 가르침**

부처님은 스스로 길을 가르치는 사람이라고 하였다.

그렇지만 자신은 결코 신앙의 대상이 아니고 우상도 아니므로 맹목적으로 우러러 숭배해서는 안 된다고 일렀다. 그래서 누구에게나 가르침에 따르고 스스로 참된 길을 찾으라고 당부하였다.

부처님의 설법은 듣는 사람의 수준에 따라 어렵게 또는 쉽게 그 내용과 방법을 달리하여 가르쳤다. 배움이 없는 농부들과 천진스런 아이들에게는 비유와 이야기로 가르치고 지식인에게는 선인들의 많은 일화와 그 사람의 수준에 맞는 지식으로 가르쳤다. 그래서 많은 사람들이 그를 찾아와 상담하였고 제자가 되기를 간청하였다.

어느 날 부처님이 왕사성 죽림정사로 가는 길에 이름 모를 숲에서 잠시 쉬고 있을 때였다. 마치 미친 사람처럼 옷매무새도 헝클어진 여인이 울며 부처님을 찾아왔다.

"거룩하신 부처님 이 가엾은 여인을 제발 살려 주십시오."

"여인이여, 우선 마음을 평안히 하고 이야기 해 보아라. 누가 너를 죽이려고 하느냐?"

고타미라는 여인은 몸을 들썩이며 울다가 부처님에게 자신이 최근에 겪은 일을 소상하게 이야기하며 방편을 물었다. 그는 남편과 3대 독자인 어린 아들을 잃었다고 하였다.

"거룩하신 부처님, 부처님은 사생의 어버이라고 들었습니다. 저는 남편과 사랑하는 아들을 잃고 삶의 희망마저 버렸습니다. 부처님께서 하실 수 있다면 기적을 보여 주십시오. 제 남편과 아들 중에 누구든 한 사람만이라도 살려주십시오."

고타미는 품에 안고 있는 죽은 아들의 시체를 부처님 앞에 내밀었다.

"고타미야, 이 아이를 꼭 살리고 싶으냐?"

"예. 이 같은 일은 오직 부처님만이 할 수 있는 일이라고 들었습니다. 제 아들만 살려 주신다면 금이든 은이든 세상의 어떤 보물이라도 가져다 바치겠사옵니다. 제 소원을 이뤄주십시오."

"고타미야, 그렇게 하여 보자. 그러나 내가 이 아이를 살리기 전에 네가 먼저 나에게 가져와야 할 것이 있다."

"거룩하신 부처님이시여. 무엇이든 말씀하여 주십시오."

"고타미야, 너는 이 길로 마을에 내려가서 지금까지 사람이 죽어나 간 적이 없는 세 집을 찾도록 하여라. 그리고 그 세 집에서 각각 겨자 씨 한 알씩을 얻어 오너라."

"아, 겨자씨 세 알이라고요? 그런 일이라면 제가 할 수 있습니다. 제 가 금방 다녀오겠습니다."

"해가 지기 전에 다녀오너라!"

고타미는 죽은 아들을 살려주신다는 부처님의 말에 서둘러 마을로 내려갔다. 그리고 큰 집 작은 집을 가리지 않고 지금까지 사람이 죽은 적이 없는 집을 찾기 시작하였다.

"아, 안타깝습니다. 겨자씨는 드릴 수 있어요. 하지만 시부모님이 연전에 돌아가셨답니다."

"그렇다면 다른 집에 가서 구해야 합니다."

고타미는 곧장 다음 집으로 달려갔다. 그러나 그가 찾아가는 집마 다 부모나 형제자매 중에서 누구든 세상을 떠난 집뿐이었다. 마을의 부녀자들도 고타미를 도우려고 했지만, 새로 지은 집이라도 과거에 초 상을 치른 기억을 가진 사람들이었다. 고타미는 절망하여 밤늦게야 빈손으로 터덜터덜 부처님을 찾아왔다.

"고타미야, 마을에서 겨자씨를 구해 왔느냐?"

"부처님, 저는 오늘 사랑하는 사람을 잃은 이가 저 혼자만이 아니라 는 것을 알았습니다. 아들을 다시 살리려고 했던 제 자신이 얼마나 어 리석었나를 깨달았습니다."

"그래. 고타미야, 사람에게 죽음은 빠르든 늦든 누구에게나 찾아오는 것이다. 나고 늙고, 병들어 죽는 괴로움에서 벗어나면 행복하게 살아가는 법을 깨닫게 될 것이다."

부처님의 그 말씀에 고타미는 크게 깨닫고 마음의 평화를 얻었다.

부처님은 이렇게 그를 찾아와 상담을 원하는 사람들에게 그 근기에 따라 가르치고 법을 전하셨다.

■ 최초의 순교자 풋나

카필라에서 남쪽지방인 죽림정사로 가는 동안 많은 비구들이 배앓이로 눕게 되었다. 그래서 행렬은 지체되었고 부처님을 비롯하여 수행중인 비구들은 인근의 가시나무 숲에서 요양하고 있었다.

먼동이 트려면 한참을 기다려야 할 새벽에 한 여인이 무엇에 쫓기듯 보퉁이를 껴안고 허둥지둥 숲으로 달려왔다. 그리고 부처님과 비구스님들을 발견하고는 깜짝 놀라 다른 길로 도망하였다. 그리고 얼마 후 10여 명의 성난 얼굴의 청년들이 몽둥이를 들고 몰려와서 부처님에게 물었다.

"수행자님, 혹시 여기서 예쁜 여자가 달아나는 것을 보지 못하셨습니까?"

"예쁜 여자라? 그대들은 누구신가?"

"예. 우리들은 이 숲 건너편에 살고 있는 청년들입니다. 우리 친구들 중에 한 사람만이 아내가 없습니다. 그래서 한 여자를 결혼상대로 데려왔는데 그 여자는 하룻밤 사이에 우리 모두를 유혹한 다음에 아침에 패물과 값진 물건을 모두 훔쳐서 달아났습니다. 정말 여우같은 여자입니다."

"꼭 잡아서 죄를 추궁하려고 합니다."

"그럼, 젊은이들이 찾는 여인이 가진 패물과 자신의 몸 중에 어느 것이 중요하다고 생각하는가?"

"그야 우리 자신의 몸이 더 중요하지요. 패물이야 다시 장만해도 되지만 몸을 잃으면 천금을 잃는 것과 같지요."

"그렇다면 헛되이 그 여인을 찾아 헤매지 말고 자신의 마음을 찾아보시오."

그제야 성난 얼굴로 도둑질한 여인을 찾으려던 청년들은 고개를 끄덕이며 부처님에게 물었다.

"마음을 찾으려면 어떻게 해야 합니까?"

"그것을 알고자 한다면 청정한 마음을 가지고 부처의 가르침을 듣고 실행에 옮기면 됩니다."

부처님은 그들을 위해 사흘 밤낮으로 가르침을 베풀었다. 그리고 그 설법을 듣고 스스로 머리를 깎고 출가한 23명의 청년을 맞아 계를 주었다. 그 중에서 머리가 영리하고 말재주가 뛰어난 풋나(부루나존자)라는 비구가 있었다. 그는 목련존자를 은사로 하여 공부를 하다가 포교사로 전도여행을 허락받고 지금의 이란 변방 '수나파란타국'으로 전도의 길을 떠났다. 그리고 그곳에서 포교를 하다가 이교도들에게 잡혀 돌팔매질로 죽임을 당했다.

"비구들이여, 풋나가 순교했습니다."

"비구들이여, 우리도 풋나를 뒤따릅시다!"

예전에 풋나와 함께 공부하던 친구들과 그 문하에서 계를 받은 제자들이 일제히 전도 선언을 하고 풋나의 뒤를 따라 100여 명이 수나파란국으로 떠났다. 그리고 얼마 되지 않아 그들은 수나파란국 전국에 500여 개의 승원을 짓고 불법을 전하였다.

■ 수롱나의 거문고줄

빔비사라왕이 다스리는 마가다국에 '수롱나'라는 청년이 있었다. 그는 재산이 많은 장자의 집안에서 태어나 어릴 때부터 결혼할 나이가 될 때까지 한 번도 땅을 밟지 않고 자랄 정도로 부모와 시종들의 각별한 시중을 받았다. 그래서인지 그의 발바닥에는 까만 털이 자랐다.

수롱나가 발바닥에 까만 털이 자란다는 소식은 빔비사라왕의 귀에까지 들어가게 되었다. 왕은 그 청년이 얼마나 고귀한 덕을 가지고 태어났으면 발바닥에 털이 날까 궁금하였다. 그래서 하루는 신하들을 시켜 수롱나를 왕궁으로 불렀다.

그런데 왕궁에 들어올 때에도 수롱나는 네 사람의 시종이 드는 가마에 앉아 와서는 다시 두 사람이 드는 꽃가마에 들려서 왕 앞에 인도되었다.

빔비사라왕이 수롱나에게 물었다.

"수롱나야, 너는 태어날 때부터 땅을 밟아본 적이 없다는데 그게 사실이냐?"

"왕이시여, 그렇습니다. 어릴 때뿐만이 아니라 소년시절이나 청년으로 자라난 지금까지 한 번도 땅바닥을 맨 발로 밟거나 걸어본 적이 없사옵니다."

"호, 그렇구나. 부모의 사랑이 각별하여 땅바닥을 밟지 않은 것은 아니냐?"

그러자 수롱나를 인도하여 왕궁으로 온 시종장이 말하였다.

"왕이시여, 저희들은 수롱나의 곁에만 있어도 행복한 마음이 들고 안거나 등에 업고 있을 때에는 더없이 행복하였습니다. 시중을 들면서도 기쁘고 수롱나의 몸에서 풍겨 나오는 향기는 모두의 마음을 평안하게 하는 것이었습니다."

"그 말이 사실이냐?"

그러자 왕비 위제니가 말했다.

"향을 바르거나 뿌리지도 않았는데 향냄새가 풍겨 나온다고요?"

"예. 그러하옵니다."

빔비사라왕이 감탄하며 말했다.

"참으로 신기한 일이로다. 너는 전생에 얼마나 많은 공덕을 지었기에 모든 이를 기쁘고 즐겁게 하며, 이생에 와서도 땅을 한 번도 밟지 않고 떠받듦을 받으며 산다는 말이냐? 이것은 국왕인 나보다도 큰 복덕을 지은 자만이 누릴 수 있는 복이로다."

왕은 수롱나의 발바닥에 난 검은 털을 만져보며 다시 말했다.

"내가 들은 바 그대로구나. 기왕 여기에 왔으니 나와 부처님이 계신 기원정사에 가서 너의 전생을 여쭤보고 싶구나."

수롱나의 아버지도 흔쾌히 찬성하였다.

"왕이시여, 저희들도 궁금했던 일이었습니다. 저희들도 부처님을 뵙게 하여 주옵소서."

빔비사라왕은 수룽나와 그 가족들을 데리고 기원정사에 찾아갔다. 부처님은 수룽나의 인사를 받고 그에게 다음 세상에는 하늘 세상에 태어날 것임을 수기하시고 그가 전생에 지은 공덕을 이야기 하셨다.

"수룽나는 지난 50생을 지나는 동안 보시의 공덕으로 땅위의 모든 왕들이 누리지 못하는 영예를 얻었으며 존경과 받듦의 삶을 살아왔다. 수만 수천마리의 짐승이 한발에 죽어가는 것을 보고 우물을 파서 구원하였으며, 장자로 태어나 30생을 살 때에는 헐벗고 굶주린 중생 구제에 모든 재물을 아낌없이 보시하였느니라. 지금 수룽나는 그러한 보시와 방생의 공덕으로 떠받듦을 받으며 사는 행복을 누리고 있느니라." 하셨다.

그러자 그 자리에 있던 왕과 신하들 그리고 스님들은 모두 수룽나를 향해 합장예를 올렸다. 수룽나는 기쁜 나머지 그 자리에서 부친의 동의를 구하고 부처님에게 귀의하고 제자가 되었다.

수룽나는 열심히 수행하여 하늘세상의 모든 중생들을 구제하는 보살이 되겠다는 서원을 세우고 정진하였다. 그러나 귀하게만 살던 그가 맨발로 탁발을 나가고 산길과 들길을 걸어 포행을 하는 일은 그렇게 쉽지만은 않았다.

탁발을 나가다가 나무뿌리에 걸려 넘어지거나 돌에 넘어져 무릎이 깨지고 연약한 발바닥은 찢어져 고름이 흐를 정도로 그에게 고통을 주었다. 처음으로 고통스러움에 눈물을 흘렸다. 그리고 생각했다.

'나는 출가하여 수행은 했지만, 아직 번뇌를 끊지 못하여 이만한 괴로움도 참지를 못하는구나. 차라리 집에 돌아가 있는 재산을 모두 풀어서 보시하여 내세의 공덕을 쌓는 것이 좋겠다. 이만한 괴로움을 참지 못하면서 장차 더한 괴로움을 어떻게 이겨내겠는가. 집에 돌아가 보시의 공덕을 지으며 편안히 지내는 것이 좋겠다.'

수롱나는 곧 집으로 돌아가기 위하여 짐을 챙기기 시작하였다.

이런 모습을 본 다른 비구가 그 까닭을 묻자, 수롱나는 정직하게 대답하였다. 비구는 부처님께 가서 수롱나가 집으로 돌아가려 한다고 사뢰었다. 부처님께서는 수롱나를 불러 물으시었다.

"수롱나야, 저 비구가 한 말이 정말이냐? 지금 너는 집으로 돌아가려 하느냐?"

"세존이시여, 저 비구의 말은 사실입니다. 저는 출가한 수행인의 생활이 어떠한지도 모르고, 그만 기쁜 마음에 출가하여 남보다 더 잘 수행하고자 노력하였습니다. 그러나 몸이 뜻과 같지 않습니다. 지금까지 맨발로 흙을 밟은 적이 없는 저는 맨발로 걸어 다니면서 걸식을 하고 숲에서 살자니 발바닥은 터지고 찢기어 피가 나고, 그 고통은 매우 심하여 더 견딜 수가 없습니다. 이래서야 어떻게 수행을 하겠습니까. 세존이시여, 저는 집에 돌아가 집안일을 잇고, 보시를 많이 해서 공덕을 쌓을까 합니다."

부처님께서 수롱나에게 다시 물으셨다.

"수롱나, 네가 나에게 오기 전에는 무엇으로 소일을 하였느냐?"

"세존이시여, 저는 평소 음악을 좋아해서 거문고를 즐겨 탔습니다."

"그렇구나. 그러면 물어보자. 거문고 줄이 너무 팽팽하게 당겨져 있을 때는 소리가 어떠하더냐?"

"제 소리가 나지 않습니다."

"그럼, 거문고 줄이 느슨하게 늘어져 있을 때는 그 소리가 어떠하더냐?"

"세존이시여, 역시 제 소리가 나지 않았습니다."

"수롱나야, 거문고 줄이 지나치게 팽팽하지도 않고 늘어져 있지도 않아 알맞게 매어져 있을 때는 소리가 어떠하더냐?"

"세존이시여, 그때는 제 소리가 나고, 아름다운 소리가 나며, 어떠한 곡조라도 맞추어 탈 수가 있었습니다."

"수롱나야, 수행도 그와 같으니라. 너무 게을러도 안 되지만 지나치게 고행만 하는 것도 장애가 된다. 그러므로 알맞게 중도를 취해야 하느니라."

그리고 부처님께서는 수롱나의 전생 이야기를 거듭 설하시면서, 그 전생이야기로 인하여 이름을 '문이백억(聞二百億)' 이라 부른다고 하셨다.

"세존이시여, 제 한순간 어리석은 생각을 하였습니다. 열심히 정진하여 견성을 이루겠습니다."

수롱나는 '문이백억' 이라는 이름으로 부처님의 가르침 중에 '중도 사상' 을 지킨 아라한이 되었다.

이 일화는 '사분율삼분(四分律三分)' 제2권에서 그 말씀을 살필 수가 있다.

6. 계율의 제정

■ 크고 작은 계율

부처님이 고향인 카필라를 떠나 죽림정사에 이른 것은 길을 떠난 지 4개월 만인 그해 11월 중순이었다. 그를 그림자처럼 따르는 비구들과 걸식을 하며 아동 중에도 출가를 하려는 자들을 받아 그들은 또 다른 행렬을 이루어 따라왔다. 그래서 죽림정사에 도착했을 때는 부처님을 따르는 대중의 수는 무려 3천여 명을 헤아리게 되었다.

부처님의 고향에서도 집과 가족을 버리고 출가하는 사람들로 줄을 이었다. 특히, 농부들과 장자들의 집에서 도망친 수많은 노예들의 출가는 농업국가로 평화롭고 안정된 국가의 기반자체를 뒤흔드는 일이 아닐 수 없었다. 그리고 마을마다 자식과 남편들이 부처님에게 귀의한 아낙들의 울음소리는 하루도 그칠 날이 없었다.

그런 일은 왕실에서도 마찬가지였다.

카필라의 왕위를 계승할 아난다와 라훌라를 비롯하여 석가족의 뛰어난 일곱 왕자들이 출가해 버리자 정반왕은 비통한 마음에 식사를 거를 때가 많았다. 더욱이 왕자들을 못 잊어 하는 왕비와 며느리를 어떻게 위로해야 할지 국왕으로서 몹시 난처한 입장이었다.

　정반왕은 시종장을 불러 부처가 된 아들에게 부왕으로서 간절한 마음을 편지로 적어 보내게 하였다. 남편과 형제가 출가해 버려 여인들만 집안에 남아 울고 있는 백성들의 근황도 적었다.

　부처님이 이 편지를 받은 것은 죽림동산에 하얀 눈꽃이 내리던 날이었다.

　'출가의 의의를 모르고 출가하는 사람들이 많구나. 노동과 가족 부양이 힘겨워 출가를 한다면 그것은 출가를 빙자하여 도망치는 행위와 무엇이 다를까.'

　부처님은 그 편지를 읽고 출가할 수 있는 사람과 출가를 할 수 없는 사람을 구분하고 그 자격을 계율로 정했다. 이때부터 출가자는 부모나 보호자의 허락을 받아야만 했다. 그리고 허락을 얻을 수 없는 이는 부모가 세상을 떠난 뒤에야 출가가 인정되었는데 이 계율이 바로 '출가 동의계'이다.

　어느 날, 부처님은 라훌라의 교육을 맡고 있는 사리풋다존자를 불러 어린나이로 출가한 사미승의 문제를 의논하였다.

　그 무렵, 교단에는 라훌라를 비롯하여 수백여 명의 어린 소년들이 사미교육을 받고 있었다. 그런데 이들 어린 소년들이 출가하기 전만 해도 교단의 모든 비구들은 하루 한 끼의 음식만을 먹게 되어 있었다. 한창 성장기에 있는 이 사미들의 건강을 염려하여 부처님은 아침에는 죽, 저녁에는 약이라고 해서 간단한 간식을 허용하는 1일 '2식계'를 만들었다.

그와 함께 '신사미동행계'도 제정이 되었는데, 그것은 아들인 라홀라가 독사에게 물릴 뻔한 일이 있고 나서 제정되었다.

그때 라홀라는 열세 살의 감수성이 예민한 소년이었다.

하루는 온종일 비가 내려 모든 비구들은 탁발을 나가지 않고 정사 안팎을 청소하라는 지시를 받았다. 그것은 천둥번개가 일렁이고 갑자기 불어난 강을 건너 탁발을 나가다 많은 비구들이 벼락을 맞거나 물에 휩쓸려 떠내려가는 일이 있었기 때문이다.

라홀라는 다른 사미(沙彌)들과 정사 안팎의 물빠짐 도랑을 깊이 파고 자신의 방과 스승의 방을 깨끗이 청소했다. 그가 자기의 방으로 돌아온 것은 숲에 어둠이 짙게 내릴 무렵이었다. 그런데 자신의 방문에 발우와 나무신발이 놓여 있었다.

'부처님이 비구들은 함께 지내면 안 된다고 하셨으니 그가 나올 때까지 여기서 기다려야 하겠다.'

라홀라는 자신의 방으로 들어가지 못하고 그대로 문 밖에서 비를 맞고 서 있었다. 그런데 방에 들어가 있는 비구는 웬일인지 나올 기미가 보이지 않았다. 빗발이 점점 거세지자 할 수 없이 화장실에서 비를 피하려고 들어갔다.

마침 일렁이는 번개 불빛 속에 붉은 귀를 가진 독사 한 마리가 서까래를 휘감고 내려오는 것을 보았다. 그리고 순식간에 그의 발밑까지 다가와 혀를 날름대는 것이었다.

"악, 독사다! 아버지, 아버지! 구해주세요."

"라홀라야, 무서워하지 말고 이리 나오너라."

명상에 잠겨있던 부처님은 아들의 위급함을 알고 선정에서 깨어나

라홀라가 있는 곳으로 급히 찾아왔다.

"아버지, 무서워요."

한 사람의 인간이었던 부처님도 어린 아들이 '아버지'라고 부르며 품에 안겨 몸을 떨고 있는 것을 보고 눈물 가득한 얼굴로 타일렀다.

"라홀라야, 무서워하지 말라. 네가 두려워하지 않고 네가 자비심을 내면 미물인 독사도 너를 해치지 않을 것이다."

그래도 얼마나 놀랐는지 라홀라는 부처님의 품에서 나올 생각을 않고 벌벌 떨기만 하였다.

다음날, 부처님은 수제자들을 불러 어린 사미들은 이틀 밤 정도는 같은 방에서 수행해도 좋다는 '사미 동행계'를 일러 주셨다.

그런데 '사미 동행계'를 제정하게 한 라홀라는 곧잘 장난을 치거나 거짓말로 비구들과 장노들을 속이고 즐거워하곤 하였다. 그러나 그가 부처님의 아들이었기 때문에 누구도 그의 잘못을 꾸짖을 수도 없었다. 그래서인지 날이 갈수록 신도들이나 스승인 사리풋다에게도 거짓말을 할 정도로 심했다. 심지어는 스승인 사리풋다존자에게도 곧잘 장난을 치곤하였다.

"라홀라야, 지금 부처님은 어디 계시느냐?"

"예. 이 길로 죽 올라가시다가 좌측으로 돌아서 가세요. 그리고 건물을 끼고 또 좌측으로 돌아가셔요."

"허허, 이놈 그렇게 돌다가보면 바로 이 자리가 아니더냐?"

"아, 그러네요. 스승님, 부처님은 바로 이 큰 방에 계시네요. 히히."

"허허, 장난이 많이 늘었구나."

왕사성 신도들로부터 라홀라의 거짓말 버릇을 전해들은 부처님은 라훌라를 불러 물동이에 물을 떠오도록 시켰다. 그리고 자기의 발을 씻기게 하였다.

라훌라가 발을 씻기고 나자 부처님은 라훌라에게 물었다.

"라훌라야, 너 이 발을 씻은 물을 마실 수가 있겠느냐?"

부처님으로부터 의외의 질문을 받은 라훌라는 가만히 부처님을 올려보며 대답했다.

"부처님, 제가 이 물을 마셔야 하나요? 저는 마실 수 없습니다. 발을 씻어 더러운 물을 어떻게 제가 마실 수 있겠습니까?"

"라훌라야, 너도 바로 이 물과 같다. 너는 카필라성의 왕손으로, 또 부처의 아들로서 세속의 영화를 버리고 지금 사미승으로 수행중이다. 그런데 탐냄과 어리석음의 삼독에 빠져 네 마음은 지금 더럽혀진 이 물과도 같다. 왜 거짓말을 자주하여 주위 사람들이 너를 믿지 못하게 하느냐?"

부처님은 자신의 발을 씻긴 물동이의 물을 버리고 오게 한 뒤에 '그 물동이에 국이나 밥 같은 음식을 담아 먹을 수 있겠느냐?'고 다시 물으셨다.

"부처님, 이 물동이는 발을 씻어 더러워진 그릇입니다. 저는 이 빈 물동이에 음식을 담아 먹을 수 없습니다."

"그렇다. 사미가 되면 우선 몸과 입과 뜻을 깨끗이 해야 한다. 더러운 말로 깨끗한 몸을 더럽혔으니 어떻게 네가 부처의 가르침을 깨우칠 수가 있겠느냐?"

"아, 그렇습니다. 제가 잘못하였습니다. 다시는 거짓말을 하지 않겠습니다."

라훌라는 부처님의 엄한 사중을 듣고 다시는 거짓말을 하지 않겠다고 맹세하였다.

■ 큰 거짓말과 간음에 관한 계율

어느 해인가 인도 중부에는 큰 가뭄이 들어 농사를 지을 수가 없었다.

갠지스 강물도 말라붙어 강변의 논밭을 제외하고는 모내기와 밭갈이조차 할 수가 없었다. 더욱이 4년 가까이 계속된 흉년으로 마가다국과 코살라국에서는 식량을 얻지 못해 굶어죽는 사람이 부지기수였다. 농사를 짓는 농부들은 씨앗으로 남겨둔 곡식마저 꺼내 먹을 정도여서 밥을 빌어먹는 수행자들에게 나눠줄 음식은 기대할 수도 없었다.

그때 코살라국 미후강변에서 수행하던 비구가 꾀를 내어 함께 수행하던 30여 명의 비구들에게 '부처님이 새로 탄생하였다.' 는 헛소문을 퍼트리고 가뜩이나 어려움에 처한 시민들이 구원을 받으려 음식을 준비하여 공양을 하고 있었다. 자신들은 먹고 입지도 못하면서 큰 부처님의 가르침을 듣기위해 구름처럼 모여들었다. 그리하여 미후강변의 비구와 부처님을 따르는 1천 여 제자들은 가까스로 그 흉년에서 살아남을 수가 있었다.

이 사실을 뒤늦게 아신 부처님은 '깨치지 않은 자가 깨쳤다고 거짓말을 해서는 안 된다.' 는 큰 거짓말의 계를 제정하셨다.

그 해 흉년을 견디기 어려웠던 '수다나' 비구는 코살라국 재무관을 지낸 장자의 아들이었다. 그는 수십여 명의 하인과 하녀들을 거느리고 배고픔을 모르고 살았다. 그는 동료 비구들이 음식을 얻지 못해 쓰러지는 것을 보고 고향의 어머니에게 달려가서 말했다.

"어머니, 저의 도반 스님들을 구해 주십시오."

늙은 그의 어머니는 수다나 비구를 반겨 맞으며 말했다.

"내 아들 수다나야, 네가 집을 떠난 뒤 나는 정부 관리로부터 재산 몰수 통고를 받았다. 재산을 상속할 자손이 없으면 내가 죽은 뒤에는 전 재산을 나라에 내놓게 되었으니 우리 재산을 상속할 손자 하나만 낳게 해다오. 그렇게만 한다면 창고를 헐어 부처님의 제자들에게 내 목숨이 다할 때까지 공양하며 살겠다."

어머니의 간절한 소망을 뿌리치지 못한 수다나 비구는 부처님과 비구들에게 식량을 수레로 실어 보낸 뒤 아내에게 아기를 갖게 하였다. 그리고 2년 가까이 기원정사와 죽림정사에 음식을 공양하여 굶주리는 비구들을 구했다. 그러나 부처님의 허락 없이 간음한 것이 마음에 걸려 마음의 병은 몹시 무겁기만 하였다.

하루는 부처님이 수심이 가득한 수다나를 발견하시고 물었다.

"수다나야, 너는 무엇을 그리 괴로워하느냐?"

"부처님, 저는 무거운 죄를 지어 그 괴로움에서 벗어날 수가 없사옵니다."

수다나는 전에 있었던 사실을 고백하고 용서를 빌었다. 부처님은 출가한 비구가 지켜야 할 계율을 깨트렸다며 크게 꾸짖고는 이렇게 당부하셨다.

"수디나야, 모든 삼라만상과 몸과 마음과 생각이 모두 덧없는 것이라고 생각하여라. 그러면 모든 집착이 사라지고 괴로움에서 벗어날 수 있느니라."

부처님은 제자들에게 수디나의 예를 들어 '수행자는 간음하지 말라'는 계율을 제정하셨다.

■ 살인과 도둑질에 관한 계율

부처님이 남부의 장마철을 피해 코사라국 기원정사에 머무르고 계실 때였다. 부처님 곁에 키가 2미터가 넘는 건장한 비구 한 사람이 있었다. 바로 '녹장'이라는 이름을 가진 비구였다.

그가 탁발을 마치고 정사로 돌아오다가 후박나무 그늘에서 줄지어 누워있는 병든 비구들과 늙은 신도들을 보게 되었다. 그는 자비심을 내어 탁발해온 음식을 그들에게 나눠 주고 병들어 아파서 신음하고 있는 그들을 위로하였다. 그런데 거의 죽음에 이른 어느 노인이 녹장비구에게 자신을 죽여 달라고 애원하였다. 녹장비구는 깜짝 놀라 한걸음 물러서서 말했다.

"노인이시여, 사람이 사람을 어찌 함부로 죽일 수가 있는가? 그리고 저는 부처님의 법을 따르는 비구승입니다."

"비구여, 부처님께서도 '이 몸을 버리면 새 몸을 얻는다고 하셨으니 나는 병든 몸을 버리고 새로운 건강한 몸을 얻고 싶습니다. 당신이 나를 죽여주는 것은 살인이 아니라 복을 짓는 일이며 나에게는 마지막 소망을 이뤄주는 것입니다."

"진정 마지막 소망이라 하셨습니까?"

그 말을 듣고 전염병으로 동료들의 곁을 떠나 길가에서 죽음을 기다리던 수많은 비구들과 늙은 신도들은 함께 녹장비구에게 애원하였다.

"녹장비구님, 간구합니다. 우리 병들고 늙은이들의 간절한 서원을 들어주십시오. 우리 죽음을 기다리는 불쌍한 자들에게 새 희망을 주십시오."

누워있던 병자들이 일제히 일어나 무릎을 꿇고 합장하며 울면서 말했다.

"녹장비구님 저희 모두 간구합니다. 저희들의 청을 물리치지 말아주십시오."

녹장비구는 할 수 없이 희망자에 따라 60여 명의 환자들을 차례로 죽이게 되었다.

이 이야기를 우파리에게 전해 들으신 부처님은 녹장비구를 불러 그 잘못을 크게 꾸짖었다.

"녹장비구야, 이 엄청난 일을 네가 했단 말이냐? 이 어리석은 수행자야. 이 세상에서 건강한 몸을 얻는 것은 전생의 업력에 의한 것이니라. 그런데 나쁜 것을 없애지 않고 죽으면 다음 세상에서는 어머니 뱃속에서부터 불구가 되어 태어난다는 것을 왜 모르고 있었느냐?"

녹장비구는 부처님의 꾸중을 듣고서 자신이 얼마나 어리석은 짓을 했는가를 알게 되었다. 그래서 부처님은 '살인을 하지 말라'는 계율을 제정하셨다.

불교의 근본 4계 중에서 '도둑질을 하지 말라'는 계율은 관리 출신의 달니카 비구 때문에 제정된 계율이었다.

그는 스스로 편히 앉아서 수행할 장소를 만들기 위해서 나무와 흙으로 초암을 마련하였다. 그러나 그가 탁발을 하러 나간 사이 나무꾼들이 뜯어가 버려서 다시 벽돌을 구워 아담하게 새로 지었다.

마침 부처님이 그곳을 지나시다가 그의 화려한 수도장을 보고 꾸짖자 다른 비구들이 그의 아름다운 벽돌집을 허물어 버리고 말았다.

'이제 나무를 이용해서 작게 지어야 하겠다.'

그렇게 마음먹은 달니카는 출가하기 전에 근무하던 관청으로 찾아갔다. 달니카는 후임직원에게 거짓말로 왕궁을 지을 목재 중에 집 한 채 분량을 왕께서 주기로 하였으니 지금 달라고 하였다.

"저희들은 왕으로부터 지시를 받지 못하였습니다. 하지만 전임 관리관이셨으니 믿고 드리겠습니다."

"집 한 채 분량이니 걱정하지 말라. 비구 한사람이 기거할 작은 초막을 지을 것이다."

"그럼, 필요한 만큼 수레에 싣고 가십시오."

왕궁의 목재 관리 담당 관리는 수레에 목재를 실어주며 친절하게 말했다. 그런데 왕실의 내무대신이 벌채(伐採)를 위해 숲의 나무를 살피러 오다가 목재를 싣고 가는 달니카를 만나게 되었다.

"달니카 비구님, 이게 무슨 목재입니까?"

"예. 절을 지을 목재입니다. 왕께서 허락하시어 왕궁 목재소에서 가져옵니다."

그 말을 들은 내무대신은 다음 날 조회 때 왕에게 그 사실을 확인하였다.

"무엇이라. 달니카 비구가 왕궁소유 목재소에서 나무를 싣고 가면서 내가 허락을 하였다고 했다고? 허허 이런 고약한 일이 있나? 내가 진정 허락을 하였다고?"

"마마, 사실이 아니옵니까?"

"이런 천하의 거짓말쟁이 수행자 같으니…."

달나카의 거짓말은 곧 탄로가 나고 그는 자신의 수도장을 짓기도 전에 왕실 구치소에 갇히게 되었다. 하지만, 왕은 다음날 '부처님의 제자를 벌할 수 없다.' 며 석방하여 부처님에게 보냈다.

달니카가 부처님 앞에 무릎을 꿇었다.

"세존이시여, 제가 어리석고 못난 짓을 하였사옵니다."

"달니카야, 사람은 천만금을 지니고 있다고 하여도 마음에 부족함을 느끼면 부자가 될 수 없다. 수행자는 탐진치 삼독에서 벗어나야 진정 거리낌 없는 마음의 자유와 평화를 얻느니라."

그래서 '도둑질을 하지 말라.' 는 계율이 생겼다. 그리고 술을 마시고 크게 실수한 비구가 있어 '술을 마시지 말라.' 는 계율까지 만들어지게 되었다.

■ **비구니 교단의 탄생과 계율**

어느 이른 새벽이었다.

부처님은 새벽하늘에 지는 별무리를 보시고 부왕의 서거를 짐작하시고 제자들과 급히 카필라성으로 가셨다. 부왕은 침대에 누운 채 아들인 부처님을 맞이하였다. 그는 떨리는 손으로 아들의 손을 잡으며 말했다.

"아들아, 네가 나의 임종을 보지 못할 줄 알았다. 내가 세상을 떠난 뒤 석가족의 미래가 어떻게 될지 그것이 걱정이로구나."

"아버님, 이제 모든 걱정과 괴로움을 잊으시고 평안한 마음을 가지십시오."

정반왕은 아들의 정성어린 간호를 받다가 일주일 만에 세상을 떠났다. 부처님은 속가의 아버지가 하늘나라에 다시 태어나시도록 경을 외며 기도를 했다.

'아버님, 이 땅에서의 몸은 빌어 입은 한 벌의 옷에 지나지 않습니다. 부디 영광스런 정토에 다시 나시옵소서!'

부왕의 장례를 마치고 부처님은 왕을 잃고 슬퍼하는 석가족과 왕실 사람들을 위해 '고집멸도'와 '극락왕생의 기원'이 깃든 법문을 들려주었다. 그 법문을 듣고 카필라의 왕실과 대신들은 부처님을 더욱 공경하며 따랐다.

그런 어느 날, 이모인 마하파자파티 왕비가 부처님을 찾아왔다. 그는 부처님을 길러준 이모요, 제자가 된 아난다의 어머니이기도 했다.

"세존이여 우리 여인들도 출가하여 바른 법에 의한 계율을 받아 지니고 정진하게 하여 주시오. 지금 우리나라에는 남편과 자식을 잃고 외롭고 쓸쓸하게 살아가는 이들이 많소. 나도 그들과 함께 출가하여 마음의 평안을 얻고 싶소."

"이모, 그것은 안 됩니다. 예로부터 부처가 여인의 출가를 허락한 일이 없습니다. '여인들은 집에 있으면서 머리를 깎지 않고 가사를 입지 않아도 열심히 정진하여 깨달음을 얻도록 선업을 닦으면 됩니다.' 과거 세상에 오신 부처님들도 그렇게 가르쳤습니다."

부처님은 이모의 간곡한 부탁을 거절하였다. 그러나 다음날도 그 다음날도 왕비는 5백여 궁중 여인들과 출가를 하겠다고 궁궐 밖 사슴 동산으로 찾아왔다.

"세존이여, 이제 내가 누구를 믿고 의지하여 살겠는가? 이제 나도 집을 떠나 아들과 손자가 수행하는 근처에서 그 모습을 지켜보며 살고 싶으니 그렇게 해 주시오."

"이모님, 여인들은 괴롭고 힘든 수행을 감당할 수가 없습니다."

부처님은 이모와 5백여 명의 궁중 여인들을 설득시켜 궁성으로 돌려보낸 뒤 서둘러 코살라국 기원정사로 길을 떠났다. 그리고 카필라국은 교단의 행정을 맡고 있던 석가족 출신의 '마하나마'에게 맡겨 나라를 다스리게 하였다.

"뭐야? 부처님이 우리를 피해 기원정사로 떠나셨다고?"

왕비 마하파자파티는 크게 놀라 궁중 이발사를 불러 머리를 깎고 궁궐의 시녀들과 스스로 가사를 지어입고는 부처님의 뒤를 따랐다.

아난다로부터 왕비와 궁중 여인들의 자진 출가 소식을 전해들은 부처님은 당혹하여 '신성한 교단을 위해서라도 그들을 절대 받지 말라.'고 지시하셨다. 하지만, 왕비와 궁녀들의 한결같은 마음을 알고 있는 사리풋다존자는 망설이지 않을 수 없었다.

그는 왕비의 아들이었던 아난다에게 왕비와 어린 궁녀들을 설득시켜 보라고 왕비에게 보냈다. 그러나 왕비는 아난다가 그들을 찾아오자, '늙은 어미를 위해서라도 부처님에게 출가해도 좋다는 허락을 받아오라'며 다시 돌려보냈다.

아난다는 몇 차례를 망설이다가 부처님을 찾아가 여인들의 출가를 요청하였다.

"부처님이시여, 가르침에 남녀의 차별이 없다고 하시면서 세존께서는 어머님 마하파자파티 황후를 내치실 셈입니까?"

부처님은 오랜 침묵 끝에 곤혹스런 얼굴로 말했다.

"아난다야, 어쩔 수가 없구나. 이제 우리는 교단에 여인을 둠으로 불교는 5백년 일찍 멸할 것이다." 하셨다.

부처님은 이렇게 말씀하시고 비구와 마찬가지로 비구니가 지켜야 할 구족계를 말하고 서약하게 하였다. 비구(남자)의 구족계는 250가지이지만, 비구니(여자)에게는 그것의 두 배나 되는 5백가지나 되었다. 그만큼 비구니는 비구보다 승려가 되기 어려웠고, 아무리 계를 받아 지닌 지 오래 되었다고 해도 방금 구족계를 받은 비구를 보면 일어나 예배를 하였다. 그리고 그 앞에서 잘못을 꾸짖음 받고 용서를 빌어야 하였다.

이때, 비구니가 지킬 5백여 가지의 계율 중에서 여덟 가지로 요약한 것이 바로 **'비구니 팔경법'** 이다.

① 나이 많은 비구니라도 나이 어린 비구를 존경하여라.
② 비구니는 수도승이 없는 곳에서는 홀로 지낼 수 없다.
③ 비구니는 보름마다 비구승에게 가르침을 들어야 한다.

④ 잘못이 있으면 비구니는 교단에 나아가 잘못을 밝히고 참회하라.
⑤ 죄를 지은 비구니는 비구와 비구니 양 교단을 위해 보름동안 따로 살며 참회하라.
⑥ 예비 비구니는 2년 동안 불교의 계율(6계)을 익혀야 한다.
⑦ 비구니는 비구승의 잘못을 공개하거나 욕을 해서는 안 된다.
⑧ 비구니는 반드시 비구에게 계를 받아야 한다.

이로써 최초의 여성교단이 탄생한 것이었다.
비구니가 된 왕비와 야쇼다라 그리고 5백여 명의 궁녀들은 목련존자가 감독하여 지은 '동원정사'에 머무르게 되었다.
이 동원정사는 기원정사에서 십 여리 떨어진 곳에 지은 2층 건물로 각층마다 5백 개의 방이 있는 비구니 전문 강원으로 대가람이었다.

■ 비구니 우파라반나의 눈물

비구니의 수행처인 동원정사에 '우파라반나'라는 늙은 비구니가 있었다.
그는 사바티의 장자 집안에서 태어나 소녀 때부터 연꽃처럼 청순하고 아름답다고 하여 연화색이라고 부르던 처녀였다.
사실 부처님의 많은 제자 중에서 이 여인만큼 슬프고 괴로운 과거를 가진 수행자는 경전 속에서도 찾기 힘들다. 그는 자기의 슬픈 운명과 인연의 비극을 잊으려고 도망을 치다가 결국 죽림정사에서 부처님을 만나 마음의 괴로움을 떨쳐 버릴 수 있었다.

그가 동원정사에 들어와 1주일 째 되던 날이었다. 우파라반나는 많은 비구와 비구니들 앞에서 자신의 기막힌 과거와 지난 세상에서 지은 죄를 참회하는 자리를 마련하였다. 그는 우제니에 사는 장사꾼 청년과 결혼한 이야기와 예쁜 딸아이를 갖게 된 이야기부터 들려주었다.

"산월이 가까워지자 저는 친정이 가서 아기를 낳으려고 했어요. 그런데 남편은 그동안 헤어져 있는 것이 불안했던지 자주 처가에 다니러 왔어요. 그가 어머니와 저를 함께 사랑하고 있었다는 것을 안 것은 바로 그때였어요."

그 때문에 우파라반나는 어머니와 남편의 곁을 떠나려고 했다가 강보에 쌓인 딸을 두고 차마 떠날 수 없어 7년 동안을 괴로운 나날을 보냈다고 하였다. 그리고 시집으로 돌아와 살던 어느 날 남편이 장사를 핑계하고 다시 친정으로 간 사실을 알고는 화가 나서 집을 나와 베나레스 교외에서 밥을 얻으며 지냈다고 하였다.

"여보시오, 당신 어디가 아픕니까?"

그가 어느 골목의 대문 근처에서 쓰러진 것을 발견하고 누군가 그를 흔들어 깨웠다. 베나레스의 한 상인이었다.

"보아하니 걸인 같지 않은데 건강이 나빠 보이니 제 집에 가서 쉬다가 가십시오."

그 상인은 말을 끌고 있는 하인에게 일러서 우파라반나를 집으로 안내하고 하인들에게 잘 보살피게 하였다. 그가 우파라반나에게 말했다.

"저는 행려병자나 고아들을 돌보는 것을 즐거움으로 알고 있습니다. 선대 조상님들로부터 내려온 저의 집 가풍이기도 하지요."

우파라반나는 그 상인의 집에서 따뜻한 보살핌을 받고 예전처럼 아름다운 모습을 간직하게 되었다.

"어머, 당신은 정말 아름다워요. 돌아가신 우리 집 마님보다 훨씬 더 아름다워요."

하인들은 진심으로 그에게 칭찬의 말을 아끼지 않았다. 상인도 아름답게 가꿔진 우파라반나를 보고 차츰 사랑을 느끼지 않을 수 없었다.

"저는 아내를 잃고 난 뒤 다시는 결혼을 하지 않기로 하였는데 당신을 보니 그 맹세를 잊어버리고 싶습니다. 저와 결혼하여 주십시오."

몇 개월 동안 그와 집에서 함께 생활하며 느낀 상인의 너그러운 마음씨를 이해하게 된 우파라반나는 상인의 청혼을 허락하였고 두 사람은 마침내 결혼을 하였다.

그가 결혼한 지 8년이 지나던 날 여름이었다. 그 해 새 남편은 우파라반나가 살던 우제니로 향로와 카펫을 팔기 위해 장사를 떠나게 되었다. 그는 아내에게 말했다.

"우제니에서 향로와 카펫을 팔라는 주문이 왔습니다. 내가 장사를 떠나면 몇 개월 집을 비워야 할 것 같습니다."

"예, 우제니는 예쁜 여자들이 많다고 하오니 당신은 마음을 바로 가지셔요."

"알았어요. 당신과의 약속을 꼭 지키지요."

그런데, 2개월을 약정하고 장사를 떠났던 여행길은 생각보다도 길어져 1년이 가까워 오고 있었다. 그러던 어느 날 상인은 거리에서 자기 부인을 꼭 빼다 닮은 아름다운 아가씨를 만나게 되었다. 복숭앗빛 사리 끝에 머리를 감싸고 시녀 하나를 데리고 걸어오는 소녀의 주변은 마치 황금빛 태양이 따라오는 듯하였다.

'아, 어쩌면 집에 있는 내 아내와 저리도 꼭 닮았을까? 너무도 청순한 모습이로구나.'

그는 너무 흥분한 나머지 그 소녀를 따라가 장사꾼인 그의 아버지를 만나 딸을 아내로 맞고 싶다는 말을 하게 되었다.

"그리 하십시오. 서로 장사를 하는 사람끼리이니 집안을 다시 볼 필요는 없겠지요."

그 남편은 젊은 둘째부인을 데리고 고향으로 돌아왔다. 그의 아내에게는 비밀로 하고 따로 집을 얻어 살림을 차렸다. 그리고 비밀리에 왕래하고 있었다. 그러나 우파라반나는 직감으로 남편이 첩을 두고 다닌다는 것을 알고 그를 집으로 데리고 오라고 하였다.

"여보, 용서하시오. 우제니에 갔다가 당신을 꼭 빼다 닮았기에 나도 모르게 유혹하였답니다."

"살다보면 그럴 수도 있겠지요. 제가 알고 있는 이상 따로 살게 하고 싶지는 않습니다. 집으로 데리고 오세요. 함께 사는 게 좋겠습니다."

그렇게 해서 그 젊은 부인은 우파라반나의 집으로 들어와 형제처럼 아끼고 살았다. 어느 날 우파라반나는 이 젊은 부인의 머리를 땋아주다가 머리에 깊은 흉터를 보고 그에게 물었다.

"아우님, 이 머리의 상처는 오래 됐나보군요. 어쩌다 이렇게 깊은 상처를…."

"네. 옛날 어머니와 아버님이 다투시다가 제가 등에서 굴러 떨어져서 생긴 거예요."

우파라반나는 문득 자신의 딸 치타를 생각했다. 남편의 외도를 추궁하다가 어린 딸을 등에서 떨어뜨려 머리가 깨졌던 일이 있었기 때문이었다.

'아니야. 그럴 리가 없어. 내 딸은 아니야.'

하지만 아버지의 이름과 주소를 묻다가 그만 벼락을 맞은 것처럼 놀라고 말았다.

"어릴 때 이름은 치타라고 했고요. 일곱 살 때 어머니가 돌아가셨기 때문에 점쟁이가 이름을 바꾸라고 했답니다. 지금 부르는 이름은 가리마입니다."

"오, 어쩌면 이런 일이?"

우라파반나는 번개를 맞은 사람처럼 휘청거렸다.

'아, 나의 운명은 왜 이처럼 잔인하기만 할까? 자기 가슴에 안겨 젖 빨았던 그 귀여운 치타가 현재 남편의 둘째부인이 될 줄은 꿈에도 생각할 수 없는 일이었다.

그는 무작정 집을 나왔다. 그리고 죽림정사에서 생사윤회의 법문을 들려주고 계시다는 부처님을 찾아가서 자신의 고통을 이야기했다.

"세존이시여, 구원하여 주소서. 무엇 때문에 인간은 이 세상에 태어나지 않으면 안 되옵니까?"

"우파라반나야, 사람이 고통을 받게 되는 것은 마음에 집착이 있기 때문이니라. 사랑하는 자에게 집착하는 마음, 이것이야말로 인간 고통의 근원이다. 알겠느냐? 인간의 고통에는 생로병사라는 피할 수 없는 고통 외에도 사랑하는 자와 헤어짐의 고통, 미워하는 자와 만남의 고통, 원하는 것을 갖지 못하는 고통, 이런 것이니라. 인간의 존재 그 자체가 바로 고통이니라."

우파라반나는 '앗!' 하고 마음속으로 부르짖었다. 그리고 어머니와 남편의 추한 모습, 딸과 자신의 불행한 결혼, 그것이 지금 부처님이 이야기한 법문 속에 모두 포함되어 있다는 것을 알게 되었다. 그는 모든 이치를 깨우쳐 알았다는 기쁨과 사바세계 인연겁의 굴레에 놓인 자신의 모습을 보고 울며 부처님 앞에 엎드렸다.

"거룩하신 부처님, 저의 출가를 허락하여 주옵소서. 이 가여운 여인을 삶의 고통에서 벗어나게 해 주옵소서."

석가모니 부처님은 단 한 번의 설법으로 그 내용을 깨우쳐 아는 우파라반나의 총명함을 칭찬하며 제자 아난다를 불러 동원정사 비구니 교단에 나아가 자신의 과거에 대한 참회의 법석을 열라고 하였다.

하지만, 우파라반나에게는 또다시 무서운 시련이 다가오고 있었다.

그는 연약한 비구니의 몸으로 여러 나라를 돌며 포교를 한 뒤 코살라국 안답나 숲의 암자에 있다가 그를 사모하던 사촌 오빠가 찾아와 그에게 못된 짓을 하고 달아났다. 우파라반나는 이 사실을 숨기지 않고 다시 비구니 교단에 보고하고 부처님 앞에 나아가 모든 것을 고백하였다.

부처님은 '초능력을 가진 우파라반나의 능력으로 그것을 예방할 수 없었다는 것은 거짓말이다.' 라고 수군대는 비구니들에게 다가가서 이렇게 말했다.

"모든 번뇌의 고통으로부터 해방된 자는 물방울이 연잎에 멈춰 있으려고 해도 앞에서 굴러 떨어져 버리듯 애욕 같은 것은 아무리 안겨다 주어도 몸에 물들지 않는 법이다. 우파라반나는 계율을 범한 것이 아니다."

우파라반나는 그 뒤 부처님의 반대편에 서 있던 데바닷다와 그를 따르는 무리들에게 '교단을 어지럽히는 창녀 같은 수행자이다.' 라며 집단 폭행을 당해 처참하게 세상을 떠났다. 그는 피투성이가 된 몸으로 교단에 들어와 말했다.

"여러분, 목숨이 있는 것은 반드시 죽게 마련입니다. 데바닷다는 커다란 죄를 지었습니다."

그는 비구니 포교사로 부처님 제세 시에 최초의 순교자가 되었다.

■ 로히니 강물 분쟁

카필라바트는 석가족의 수도로 부처님의 속가왕인 정반왕(숫도다나왕)이 다스리고 있었다. 그리고 코올리성의 수도 코올리야는 로히니강을 사이에 하고 이웃한 부처님의 외가가 있는 카필라보다 규모가 큰 도시였다.

두 나라는 양국의 공주와 왕자가 사돈을 맺으며 5백여 년 가까이 형제처럼 평화롭게 지내왔다. 그런데 부처님이 출가한 이후 수년에 걸친 한발이 겹치자 이 강을 사이에 하고 농사를 짓는 농민들 사이의 분쟁이 급기야 양국의 군대까지 출동하여 대치하는 상황에까지 이르게 되었다.

강물과 연하여 낮게 평야 지대를 관리하는 코올리족 농부들이 강바닥을 긁어 물을 모아 수로를 만들고 강둑을 터서 평야지대로 물을 대려고 하자 카필라족의 농부들이 항의하고 나섰다.

"강물을 한쪽으로만 물길을 터서 대면 우리들의 논밭은 농사를 짓지 말라는 말입니까? 똑같이 예전처럼 반으로 나눠 써야지요. 인심이 이렇게 야박해서야."

"무슨 소리, 이 송아지 오줌 줄기만도 못한 물길을 터서 양쪽 평야에 물을 나눠 사용한다면 그쪽도 넉넉하지 못할 것이오. 그러니 어느 한 쪽의 평야만이라도 온전하게 농사를 짓게 하는 것이 바람직하다는 판단이오."

"허허. 그럼 우리 카필라 사람들은 목구멍에 거미줄을 치고 굶어 죽으란 말입니까?"

"아니, 우리 코올리 쪽은 물을 조금만 대면 제대로 수확할 수 있으니까 며칠만 우리 쪽에서 물을 쓰겠다는데 양보 좀 하시오."

"사람이 어찌 그렇게 야박하시오. 강 건너 우리 쪽 농토를 좀 눈이 있으면 보시오. 모내기 한 논들이 거북이 등처럼 갈라지고 이미 심은 모의 절반은 타죽고 말았어요."

그러자 코올리성 사람들이 다시 일어섰다.

"단 며칠만 우리가 쓰고 그 다음에 그쪽에서 쓰시라니까!"

"벼와 작물이 다 말라죽은 뒤에 물을 대면 뭐한답디까?"

"아, 그 사이 비가 오면 더욱 좋겠지만 우리가 수확한 쌀이 남으면 나눠주면 되지 않소. 형제나라 사이인데."

"형제나라 좋아하시네. 당신들이 창고에 곡식을 가득 쌓아놓고 우리는 고개를 숙이고 구걸을 하란 말이오?"

"그것도 어렵다면 할 수 없는 일이지만…."

"아무튼 안 되오. 우리도 물을 써야 하겠소. 우리는 죽기 살기로 물길을 터야 하겠소이다. 식수도 모자라 죽을 지경인데 늘 나눠쓰던 강물까지 독식하려하니 사람 환장할 일이지."

두 나라의 농부들이 급기야 패싸움을 벌였고 수십여 명의 부상자가 발생하자 양측의 군대가 출병하기에 이르렀다. 기록에 의하면 부처님의 어머니인 마야왕비도 코올리성 출신이고 야쇼다라 공주마저 코올리성의 공주였다. 형제국이라 해도 다름없는 두 왕국이 작은 수로를 가운데 하고 군대가 출병하여 전투 직전까지 이르게 된 것이었다.

코올리국 농부들이 감정이 격해지자 카필라국 농부들의 자존심을

로히니 강변

건드리는 발언을 하기 시작했다.

"야, 이 들개 같은 놈들아, 자기 누이를 데리고 사는 자들을 우리가 귀하게 여길 줄 알았더냐? 코끼리 한 마리, 말 한 마리, 무기조차 녹이 슬어 쓸 수도 없을 걸. 너희나라 왕을 봐라. 계집 불러 매일 술이나 퍼먹고 정사를 돌보지 않으니 이게 나라냐?"

그러자 카필라국 농부들도 고함을 치듯 대들었다.

"너희 나라에는 문둥이들이 많다더니 그 환자들을 믿고 까부느냐? 나병 환자들은 마을을 떠나 깔라나무 구멍에 들어가 살아야 하거늘 어디 로히니 강변까지 나와서 떠들어 떠들긴?"

이때 카필라 교외의 니그로브숲에 계시던 부처님이 그 소식을 듣고 로히니 강으로 제자들을 이끌고 나아가셨다.

양쪽의 왕들이 전쟁 일보 직전까지 가 있는 상태에서 부처님이 그 분쟁의 강변으로 찾아오신 것이었다.

"왕이시여, 천재지변을 두고 다투지 말고 서로 한걸음씩만 뒤로 양보하시오. 물도 중요하지만 사람도 중요하지 않습니까? 이 천재지변을 가지고 죽기를 한하여 양측 군대가 맞서 싸운다고 해도 어느 나라가 유리한 고지에서 물을 충분히 사용하는 것도 아니지 않습니까?"

코올리국 국왕이 말했다.

"부처님의 중재를 고맙게 받아들입니다. 농부들의 농사에 대한 욕심 때문에 하마터면 전쟁으로 많은 사람이 다치고 죽게 될 뻔하였습니다."

"예. 저희 카필라국 농부들도 너무 지나치게 소리를 지르고 실력 행사를 한 것을 죄송스럽게 생각합니다. 예전처럼 물길을 두 갈래로 나둬 사용하도록 하겠습니다."

"왕들이여, 내가 오지 않았더라면, 그대들은 이 강을 피로 물들였을 것이오. 그대들은 순리에 맞지 않는 태도로 행동하고 있소, 그대들은 적의(敵意) 속에 살고 있소. 그리고 다섯 종류의 증오에 빠져 있소. 나는 증오로부터 벗어나 있소. 그대들은 사악한 감정의 병에 전염되어 있소. 나는 그런 병에서 벗어나 있소. 그대들은 다섯 종류의 감각적 쾌락을 추구하는데 열심이오. 나는 그것들로부터 벗어나 있소."

"세존이시여, 저희들이 어리석었나이다."

양측의 병사들이 무기를 땅에 던지며 무릎을 꿇고 엎드렸다.

양측의 농민들도 눈물을 흘리며 땅에 엎드렸다.

"부처님께서 오시지 않았더라면 저희들은 서로 죽이면서 이 로히니 강물을 피의 강물로 만들었을 것입니다. 부처님의 은혜로 저희들은 목숨을 건지게 되었습니다."

카필라와 코올리족 시민들과 농민들, 군인들과 장군들을 향하여 부처님이 게송처럼 이르셨다.

    우리 진정 행복하게 살아가자.
    증오 속에 있으면서도 증오 없이
    미워해야 할 사람들 속에서도 미움 없이
    우리 자유롭게 살아가자.

    우리 진정 행복하게 살아가자.
    질병 속에서도 질병 없이

병자들 속에서도 병듦 없이
우리 건강하고 자유롭게 살아가자.

우리 진정 행복하게 살아가자.
쾌락의 환경에 물들지 않고
쾌락을 추구하는 사람들 속에서도
쾌락을 따르지 않으며
우리 자유롭게 평화롭게 살아가자.

부처님의 이 설법을 듣고 많은 사람들이 예류과를 성취하고 깨달음의 길로 들어섰다. 그리고 양쪽 농민들은 서로 화해하고 물을 사이좋게 공동으로 관리하며 그 가뭄을 슬기롭게 극복하였다. 양국 국왕들은 전투에 참전했던 병사들 중에 250명씩 차출하여 부처님의 제자로 출가시키기로 하여 부처님이 로히니 강을 떠날 때에는 500여 명의 젊은 수행자를 이끌고 정사로 가시게 되었다. 이 로히니 강의 분쟁일화는 법구경과 본생경 등 경전 여러 곳에 나타나 있다.

이때가 부처님 나이 41세가 되던 해였다. 로히니 강물 이용과 관련해 두 나라는 이후 3차례의 분쟁이 더 있었으며 그때마다 부처님이 중재에 나섰다.

■ 사촌 데바닷다의 반역

카필라국의 정반왕이 세상을 떠난 뒤 석가족의 왕자들과 왕비, 궁녀들이 잇달아 부처님에게 출가하자 부처님으로부터 카필라국을 다스리는 명령을 받고 왕이 되었던 마하나마는 궁중 생활의 쾌락에 빠져 나랏일을 제대로 돌보지 않았다.

"우리는 선택된 국가이다. 부처님이 보살피는 위대한 석가족의 후예들이다."

"마마, 그래도 정사를 돌보시고 이웃 국가와의 외교에도 더욱 힘을 쓰셔야 하옵니다."

대신들이 마하나마왕에게 충고했지만, 왕은 정사에는 관심이 없는 듯 하루하루 잔치와 축제를 여는데 소일하였다.

결국 이웃 나라의 침략을 받아 망하고 석가족의 친척들은 모두 학살을 당했다. 본래 부처님이 태어나신 카필라국과 이웃한 구리국 사이에는 로히니 강이 흐르고 있었다. 코살라국과는 예로부터 사이가 좋아 싯다르타를 낳은 마야부인과 마하파자파티, 그리고 야쇼다라 공주까지 모두 코올리성 출신이었다.

두 나라는 5백년 가까이 사돈의 나라로 서로 돕고 의지하며 평화롭게 살아왔다. 그런데 석가족 친위 왕실 친척과 왕자, 공주들이 잇달아 부처님을 따라 출가한 뒤부터는 사이가 소원해져서 자주 분쟁이 일어나곤 하였다. 그것은 두 나라 사이를 흐르는 로히니 강물을 이끌어 농사를 짓는 농부들 사이에서 벌어지곤 하였다.

처음 몇 년은 부처님이 그 강가에 머무르며 농부들을 깨우쳐 전쟁을 하지 못하게 하였는데, 부처님이 기원정사에서 10여 년을 머무르게 되자 로히니 강을 따라 양측의 군대가 대치하는 심각한 상황에까지 이르렀다.

그런데 카필라국 마하나마왕은 국민들이 전쟁의 위협 속에 매년 농사를 지었으나 환락에 빠져 전쟁에 대비하여 힘을 기르는 일에는 관심조차 갖지 않았다. 더욱이 부처님이 전쟁을 미리 간파하시고 나서 중재를 하셨기 때문에 마하나마는 기고만장하여 정사를 돌볼 생각을 않고 있었다.

마침 코살라국 프라세나짓 왕이 세상을 떠나고 그의 아들이 왕위에 올라 이웃나라인 코살라국왕을 부추겼다.

"우리 두 나라가 연합하여 카필라국을 친다면 카필라는 쉽게 함락시킬 수 있을 것입니다."

"좋습니다. 마침 정반왕도 죽고 석가모니 부처로부터 임명받은 마

카필라국 성터

하나마왕은 술과 계집에 빠져 국경방비도 소홀하니 이 기회에 공격하여 카릴라를 멸망시킵시다."

"출병합시다. 우리 두 나라의 힘이라면 단번에 카필라성을 함락시킬 수 있을 것입니다."

오래전의 일이다. 프라세나짓 왕이 왕위에 올랐을 때 석가족의 공주 중에서 왕비를 간택하려고 하였다. 그런데 석가족에서는 코살라국 혈통에 어찌 석가족의 고귀한 피가 흐르게 하느냐며 공주가 아닌 궁녀 중에서 한사람을 뽑아 공주로 속여서 결혼을 시켰다. 궁녀에게 절대 그 사실을 함구하라고 일렀다.

"네가 죽음에 이르러서라도 이 비밀을 지켜야 하느니라."

"예."

"왕실의 법도를 1년 가까이 배웠으니 예의범절에는 손색이 없고 이 카필라국의 공주라는 사실을 절대 잊지 말아야 한다. 너는 내 딸이라는 말이다. 은연중이라도 그것이 아니라는 말도 해서는 안 되고. 만약 그 비밀이 토설되면 그때는 두 나라간 전쟁은 물론이요 너도 죽음을 면치 못하리니 알겠느냐?"

"예."

프라세나짓왕은 그 사실을 모르고 있었으나 그의 아들이 어머니의 나라인 카필라에 왔다가 그가 앉았던 자리가 불경하다 하여 석가족들 대신들이 일곱 자나 파다 버리고 그가 사용하던 침대와 이부자리까지 불경스럽다는 사유를 들어 모두 태워버리는 사실을 알게 되었다.

"오. 아버지를 속인 것만 해도 분한 일이거늘 내가 밟은 발자국마저

지우고 그것도 모자라 계단의 흙을 일곱 자나 파내다니ㅡ. 내 이 원수를 필히 갚으리라. 이 수모를 절대 잊지 않으리라."

마음속으로 복수의 칼을 갈던 비루다카 왕자는 성인이 되자 늙은 부왕이 기원정사에 가서 부처님의 설법을 듣고 있는 사이에 군사를 일으켜 스스로 왕이 되었다. 그는 부왕 내외가 기원정사를 나와 카필라국으로 도망쳐 갔다가 길에서 카필라 병사들에게 죽임을 당했다는 소식을 듣고는 더욱 화가 나서 대군을 일으켜 성난 파도처럼 카필라국으로 쳐들어갔다.

부처님은 이 전쟁을 막기 위해 코살라국 군사들이 지나는 길목에 좌선하고 있다가 비루다카 왕을 만났다. 비루다카 왕이 부처님에게 예배를 하며 물었다.

"세존께서는 왜 이 땡볕에 길 가운데 앉아 좌선하고 계시옵니까?"

"비루다카 왕이여, 나는 나의 친족인 석가족 위해 기도하고 있습니다. 전쟁과 살육으로부터 평화를 위해 기도하고 있습니다."

그 말을 듣고 비루다카는 낭패한 얼굴로 장군들에게 말했다.

"세존이시여, 저는 이 전쟁을 기필코 이겨야 합니다. 이겨서 제가 겪은 한을 풀어야 할 숙제가 있습니다. 하지만 오늘은 회군할 수밖에 없군요. 예로부터 군사를 일으켜 나갈 때 승려들을 만나면 회군하여 돌아갔다고 전해 오는데 부처님을 만났으니 돌아갈 수밖에 없군요."

비루다카왕은 그렇게 말하고 군사를 돌이켰다. 그러나 골수에 사무친 어린 시절 석가족에게 당한 모멸감은 참을 수가 없었다. 그는 세 번씩이나 카필라 공격을 위해 군사를 일으켰으나 그때마다 부처님 때문에 군사를 돌려 세워야 했다.

그런데 코살라국이 전쟁을 일으킬 때마다 부처님이 나서 막아주자 카필라국의 마하나마왕은 더욱 기고만장해서 전쟁 준비는커녕 전쟁을 일으켜 적국의 병사들이 진군하여 온다는 소식을 듣고도 잔치를 베풀며 놀기에 바빴다.

하루는 부처님이 고향 카필라국의 운명이 다하였음을 알고 더 이상 전쟁을 막지 않았다.

'이제 내 힘으로도 비루다카왕의 복수심을 꺾을 수가 없다. 모두가 인과응보의 굴레에 있는 것을—.'

부처님은 비루다카왕이 네 번째로 전쟁을 일으켰을 때는 나가서 막지를 않았다. 결국 카필라는 구리국과 코살라국의 연합군에 의해 함락당하고 왕실 가족들은 비참하게 학살을 당하고 말았다.

부처님을 따라 출가했던 석가족의 왕자들과 공주, 왕비, 궁녀들은 이 소식을 듣고 크게 슬퍼하였다. 특히, 어릴 때부터 부처님을 적수로 알고 까불던 데바닷다는 공개적으로 부처님을 비난하고 나섰다.

"형님, 형님 때문에 우리 석가족이 망하고 말았습니다. 사부의 스승이요 사생의 자부라는 부처님이 같은 종족 하나를 못 살려냅니까? 그래도 부처라고 할 수 있습니까? 싫습니다. 저는 지금부터 교단을 떠나 살겠습니다."

데바닷다는 그를 따르던 5백여 명의 제자들을 거느리고 부처님을 떠나갔다. 그리고 스스로 교단의 대표가 되었다. 그는 그것도 부족하였던지 몇몇 제자들을 불러내서 부처님을 살해할 방법을 의논하였다. 하지만 신통력으로 그들의 심중을 헤아리고 있던 부처님은 산 밑을 지나가다가 데바닷다가 굴린 바윗돌도 피할 수 있었고, 술을 먹여 풀어

놓은 코끼리에게도 다치지 않았다.

하루는 사리풋다와 목련존자가 이러한 반역을 보다 못해 데바닷다를 찾아갔다. 데바닷다는 이 두 제자가 자신을 찾아오자 박수를 치며 자랑하였다.

"보아라, 나의 가르침을 듣기 위해 싯다르타 형님이 가장 아끼는 제일의 제자들이 나의 문중으로 오고 있다."

데바닷다는 너무 기쁜 나머지 춤을 추다가 사리풋다에게 잠시 자기를 대신하여 가르침을 들려달라고 부탁하였다. 그는 부처님의 제자들이 자신을 해치지 않을까 긴장감에 떨고 있다가 사리풋다와 목련의 온화한 얼굴을 보고는 긴장이 풀어져 잠에 빠져들었다.

사리풋다는 그 제자들을 위해 부처님의 참 가르침을 들려주었다. 그리고 선언하였다.

"이것이 불교의 진수이다. 너희들이 진정으로 부처님을 믿는다면 나를 따르라."

데바닷다의 제자들은 사리풋다와 목련존자의 설법을 듣고 예전처럼 그들의 뒤를 따라 부처님 곁으로 돌아왔다. 이것을 안 데바닷다는 충격을 받고 쓰러져 다시는 일어서지 못했다. 경전에는 이때 데바닷다가 지옥에 떨어져 괴로움을 받다가 부처님의 은혜를 입고 하늘나라에 다시 태어났다고 적고 있다.

7. 부처님의 10대 제자

부처님이 성도이후 녹야원에서 함께 수행하던 다섯 비구들에게 계를 주고 야사와 야사장자에게 재가자의 계를 줌으로서 불·법·승 삼보가 성립되어 최초의 불교교단이 세워지게 된다.

녹야원에서 카필라국 석가족의 다섯 친구 아습비, 마하바날, 마부다메크, 바제, 앗사지 등을 상대로 사성제 팔정도를 가르치고 대중 포교에 나서게 했는데, 이것이 '초전법륜' 최초의 부처님이 행하신 설법이다. 녹야원에서 10여년 가까이 제자들을 가르치는 동안 3만여 명의 백성들이 귀의한다.

이 제자들 중에는 다른 수행자그룹으로 활동하다가 부처에게 귀의한 사람도 있고, 훗날 정반왕이 세상을 떠나고 로히니 강물을 사이에 두고 석가족과 코올리족 간의 싸움에서 카필라국이 패한 뒤 왕족과 백성들까지 수만 여 명이 출가하여 교단의 세력은 갑자기 커지게 된다.

경전을 살피다보면, 부처의 제자를 12대 제자로 표현한 부분도 있지만, 수행 이력이 크지 않은 '마하 구치라'와 '마하 겁빈나'를 제외한 10대 제자인 사리불, 목련, 아난다, 마하가섭, 아나율, 수보리, 부루나, 가전연, 우바리, 그리고 속가의 아들이었던 라훌라 등 10명을 10대 제자로 부르고 있다.

■ 사리풋다와 목련존자

사리풋다존자와 목련은 그 시절 신분계급 상위인 바라문집안 출신의 사람이다. 이들은 '산자야'라는 선인을 스승으로 공부를 하다가 귀의하였고, 교단을 대표하는 인물이 되었는데 부처님보다 1년 먼저 세상을 떠난 제자들이다.

사리풋다는 녹야원의 다섯 비구 중에 앗사지를 우연하게 거리에서 만나 부처님의 가르침에 대해 환희심을 내서 귀의를 결심하게 되는데 이 무렵 부처님은 죽림정사가 지어지기 전 숲속에서 원시경전인 아함경과 화엄경을 가르치고 있었다.

사리풋다는 아버지 저사장자가 8형제를 두었지만, 하루도 다툼이 그치지 않고 평화롭지 않은 집을 뛰쳐나와 산자야 선인 밑에서 수제자로 공부하고 있었다. 그는 자신의 큰아버지인 다카니카가 오래전부터 부처님을 비난하며 '부처는 형제가족을 이간시키고 모든 집안의 혈통을 끊어놓기 위해 태어난 마귀라.'고 '절대 공양을 하거나 받을 자격도 없는 인물이라.'는 말을 듣고 있었다. 그러나 앗사지와의 짧은 만남에서 얻은 깨우침을 통해 자기가 귀의해야 할 스승임을 깨닫고 친구인 목련에게 찾아갔다. 그리고 속가에 있던 목련(나복)에게 부처님의 수행이력과 가르침을 들려주고 함께 귀의하기로 합의한다. 이 소식을 들은 산자야는 놀라 피를 토하며 절명하는데 사리풋다는 남겨진 산자야의 제자들 5백여 명과 함께 죽림정사에 계신 부처님에게 찾아가 귀의한다.

이때 목련은 어머니 청제부인이 세상을 떠나시고 장례를 모시는 중이었다. 그 어머니는 사교에 빠져 짐승을 죽여 살코기와 피로 제물을 만들어 지내는 주술 행위를 일삼았다. 집안에는 늘 피비린내가 진동하였고 짐승들의 울부짖는 소리가 밤낮없이 울려 퍼졌다.

목련은 마을 사람들로부터 이야기를 듣고도 설마 어머니가 사교에 몰입하고 계시지는 않을 것이라고 여기며 어머니가 행하는 사교를 간절히 금지하시라고 여쭙고 아버지 부상장자가 세상을 떠나자 유산을 정리하여 셋으로 나눈다.

그렇게 나눈 재산을 하나는 보시로, 하나는 수행자들에게 공양을, 또 하나는 자신의 장사밑천으로 삼아 3년을 기약하고 집을 떠나 많은 돈을 벌어 귀가한다. 그러나 어머니는 무당을 불러 굿을 하며 사교에 빠져 날마다 집안에서는 피비린내가 진동하고 북과 꽹과리 소리가 그치지 않았다.

어느 날, 아들의 귀가를 알고는 사교의 현장을 지우려고 하였지만 마을사람들은 그동안 어머니 청제부인의 일과를 알려준다.

이에 크게 실망한 목련은 어머니에게 다시 한 번 묻는다. 그런데 어머니는 '자신의 말은 한 치도 거짓이 없으며 만약 거짓이 있다면 벼락을 맞아 죽을 것이라.' 고 소리친다.

그리고 며칠 뒤 어머니가 맹세한 대로 정말 벼락을 맞아 세상을 떠나자 장례를 모시는 중이었다.

사리풋다는 목련이 어머니의 제사를 마치는 것을 보고 함께 부처님에게 귀의하는데 목련은 얼마 지나지 않아 여섯 가지 초능력인 육신통을 얻게 된다.

바로 자신이 원하는 장소에 자유롭게 출연할 수 있는 신족통(神足通)과 상대방의 미래 운명까지도 내다보는 능력인 천안통(天眼通), 초인적인 청력을 가지는 천이통(天耳通), 남의 마음을 들여다보는 독심술인 타심통(他心通), 자신이나 남의 과거 세상의 모습을 볼 수 있는 숙명통(宿命通), 인생에 관한 진리를 깨달을 수 있는 지혜를 말하는 누진통(漏盡通)이 그것이다.

사실 부처님도 붓다가야의 보리수 아래에서 이 누진통을 얻어 부처가 되셨다. 제자인 목련이 바로 이 육신통의 신통력을 깨우친 것이었다. 부처님은 재세시에 누진통을 제외한 다섯 가지 신통력 사용을 금지하신 것은 불교는 지혜와 깨달음에 의한 종교이지 다른 종교처럼 기적을 행하는 종교가 아니라는 점을 가르치기 위해서였다.

훗날 목련은 어머니의 제도를 위해 이 신통력으로 천상세계의 아버지 부상장자를 만나고 아비무간 지옥의 어머니를 친견하며 지옥문을 연다. 그리고 지옥계에 빠진 어머니를 구원하기 위해 백종행사를 주관하고 어머니를 지옥에서 구제한다.

목련존자를 중심인물로 한 경전은 모두 3가지로 일명 '불교의 효(孝)3경(經)'으로 일컫는데, '부모은중경', '목련경', '우란분경'이 그것이다.

■ 마하가섭과 아나율존자

마하가섭은 수행제일의 제자로 알려져 있는 인물로 인도의 마가다국 왕사성의 바라문 출신이다.

마하가섭이 출가한 때는 목련과 사리풋다가 출가한 지 2년 째 되던 해로 아버지 카파라 장자가 많은 노예를 짐승처럼 부리는데 불만을 가지고 자주 갈등하고 있었다. 그래서 출가를 결심하고 출가동의를 받으려 하였지만 아버지는 재산을 상속할 외아들의 출가를 반대하여 출가를 못하고 마지못해 아버지의 뜻대로 결혼하였다.

아내가 된 '밧다가피라니'도 가섭의 출가를 암묵적으로 지지하면서 남편이 출가하면 자신도 출가하여 비구니로 살겠다는 결심으로 잠자리도 따로 하고 청정한 마음으로 살았다.

이들이 결혼한 지 12년 째가 되던 해 아버지 카파라가 많은 재산을 남기고 세상을 떠났다. 가섭은 아버지의 유산을 마을의 가난한 사람들과 집안에서 부리던 노예들에게 나눠주어 독립해 살게 하고 부부가 죽림정사의 부처님을 찾아가기 위해 집을 나선다. 그런데 가섭의 출가 사실을 알고 있던 부처님은 그의 고향마을 입구에서 기다리다가 가섭의 머리를 직접 깎아주고 계를 주어 제자로 맞이하셨다.

그가 출가하는 그날은 마침 날씨가 무더워 일행이 나무가 울창한 망고나무 숲에서 쉬게 되었는데, 가섭은 자기가 입고 온 옷을 벗어 깔고 부처님을 앉아 쉬게 한다.

"부처님이시여, 이 깨끗한 옷 위에 앉아 쉬시고 떠나실 때 입고계신 헌옷은 제게 주십시오."

"가섭아, 너는 괴로운 일을 잘 참고 실천하여 이다음에 나의 법을 전하는데 교단의 대표가 될 것이니라."

부처님이 그때 낡은 자기 옷을 벗어 마하가섭에게 주고 자신은 가섭의 새 옷을 받아 입으셨다.

불교에서 스승이 제1의 제자에게 가르침을 전할 때 자신의 옷을 벗어주는 의식은 바로 마하가섭과 부처님의 이러한 미담이 의식으로 전해진 것이다. 마하가섭은 스승을 만난 지 8일 만에 깨달음을 얻어 아라한과를 얻었으며 부처님의 의발을 물려받은 교단의 대표가 되었다.

훗날, 마하가섭은 부처님이 쿠시나가라 사라쌍수 밑에서 열반에 드시자 5백여 비구들의 대표가 되어 왕사성의 대나무 숲 석굴사원에서 부처님의 생애와 가르침을 모아 최초의 불교성전 결집을 주도하였고, 이것이 바로 보물로 전해지는 최초의 성전인 패엽경(나뭇잎에 쓴 경전)이다.

부처님의 10대 제자 중에 아난다와 아나율은 석가족 출신이다.

그는 부처님의 속가 숙부인 감로반왕의 둘째아들로 태어난 왕가의 가족 중에 한 사람이다. 어릴 때부터 그림과 악기를 잘 다루고 활달해서 궁중에서 그를 모르는 사람이 없을 만치 유명했다. 그런데 한 가지 흠결이 있다면 한 번 잠에 들면 쉽게 깨어나지 않고 깊은 잠에 빠지는 것이었다. 석가족의 일곱 왕자들과 출가를 해서도 그의 잠버릇은 쉽게 고쳐지지 않았다.

하루는 부처님이 아나율을 불러 꾸짖었다.

"아나율아, 생사의 고뇌를 벗어나고자 출가한 네가 잠을 다스리지 못해 수행을 제대로 못해서야 어디 출가한 명분이 있느냐?"

아나율도 자신의 잠버릇을 고치지 못하여 안타깝게 생각하던 중 부처님에게 '세존 앞에서 앞으로는 절대 잠을 자지 않겠다.'고 맹세를 한다. 그리고 실제로 눈병이 나서 의사 지바카의 치료를 받으면서도 눈을 뜬 채로 정진을 하다가 결국 장님이 되고 만다.

아나율은 이때부터 천안이 열려 우주법계의 실상을 살피는 천안통을 얻게 된다. 그는 지옥세계를 자주 살피고 지옥계에 여인들이 많이 살고 있는 것을 알고 비구니 강당에 나가 비구니들을 가르쳤다.

"여인들은 남자들에 비해 다음 세 가지 생각이 강해서 지옥에 떨어집니다. 그 첫 번째가 탐욕이 많아 마음에 드는 것을 꼭 갖고 싶어 하고, 둘째는 질투심이 많아 시기심을 내는 때문이며, 셋째는 음욕이 발동하여 죄를 짓기 때문입니다."

아나율은 부처님 때와 장소를 바꿔 말씀하신 법어를 기억하고 있다가 부처님의 입멸 후에 경전 결집에서 구술을 통해 많은 일화를 기록하게 하였다.

■ 수보리와 부루나존자

수보리는 기타태자의 정원을 사서 기원정사를 지은 코올리국 사위성 수닷타 장자의 조카로 바이샤 출신이다.

성격이 거칠고 화를 잘 내고 스스로 분노조절을 하지 못하여 다투고 짐승을 살생하는 일도 서슴지 않았다는 기록이 있다. 그런데 부처님의 설법을 듣고 깨우쳐 마음을 잘 다스려 부처님과 동격의 인물로 추앙할 정도로 제자들의 존경을 받았다.

아버지와 기원정사에 들렸다가 부처님의 설법을 듣고 그 자리에서 귀의하여 제자가 되는데 그가 해공제일의 제자로 불린 것은 부처의 공(쑟)의 교설을 잘 이해하고 가르쳤기 때문이다. 모든 것이 두루 공하다는 이치를 깨우쳐 그것을 해명하는데 으뜸이었다. 그리고 수보리존자는 탁발을 할 때 부잣집만을 골라서 다닌 것으로 알려져 있다. 그 이유는 '가난한 집은 자기 먹을 것도 없는데 어떻게 나눠 먹자고 할 것인가' 하는 생각에 가난한 집은 아예 지나쳐 가기도 하였다.

후에 부처님이 이 사실을 전해 듣고 '탁발을 할 때는 빈부를 가리지 말고 평등하게 차례로 일곱 집을 다니되 얻는 것이 많고 적든 관계치 말라.'고 주의를 주셨고, 차례로 걸식을 하라는 말이 '차제걸이'라는 용어로 전해진 것이다.

경전에 나오는 일화 중에 마가다국 빔비사라왕이 수보리의 설법을 듣고 수보리에게 초막을 지어드릴 것을 약속하고 지붕도 덮지 않은 채 초막을 지어 수보리 존자에게 보시하였다. 그런데 그 날부터 마가다국은 비가 내리지 않아 백성들의 민원이 커질 때 문득 수보리의 처소에 지붕을 덮지 않은 것을 알게 되었다.

빔비사라왕이 사과하고 지붕을 덮어드리는데 그날 밤부터 비가내리기 시작하여 가뭄을 해결하였다는 기록이 있다.

증일아함경 제28권의 기록을 보면, 부처님이 성도 후 8년 째가 되던 해 어머니 마야부인이 천도를 위해 석 달간 하늘에서 설법하고 오신 것으로 되어 있다. 이때 여러 나라 국왕과 제자들이 환영예배에 참석했는데 가까이 있던 연화색 비구니가 앞으로 나서며 말했다.

"거룩하신 부처님, 연화색 비구니가 신통력으로 먼저 부처님께 환영예배를 올립니다."

부처님은 고개를 들고 여러 대중들에게 말했다.

"수보리 존자가 모든 법이 두루 공함을 보고 제일 먼저 예배하였느니라. 참된 예불은 공을 알고 해탈하는 것이다." 하였다.

그가 노년에 이르러서는 부처님과 따로 떨어져 제자들과 수행하였는데 스승보다 나이가 많았지만, 언제나 부처가 계신 방향을 향해 삼배의 예의를 갖추고 하루 일과를 시작했고, 열반에 들 때도 부처를 향해 삼배의 예를 올리고 앉은 채로 열반에 들었다.

10대 제자 중의 한 사람인 부루나는 유럽의 항구도시 폼베이시의 북쪽인 수로나국 출신으로 아버지 수퍼라카는 이 항구도시의 장자였다.

그의 아버지가 세상을 떠났을 때 부루나는 아버지의 유산을 한 푼도 받지 못하고 집을 나와야 했다. 그것은 자신이 아버지와 여종 사이에 태어났기 때문이었다. 그는 홀로 사는 형수와 집을 나와 전단향나무를 팔고 사는 일에 몰입하여 큰돈을 모은다.

부루나가 일곱 번째 무역선을 탔을 때 우연히 뱃사람들이 불경을 외우는 것을 보고 불교에 귀의할 것을 맹세하고 그동안 모은 돈을 형수와 다른 형들에게 나눠주고 사위성 수닷타장자의 소개로 부처를 만나 제자가 된다.

그런데 부루나는 상대를 설득시키는 비상한 재주가 있었다.

부처님의 가르침도 그의 능란한 화술로 전해지면 감동하여 긴 시간을 듣지 않고도 이해하고 고개를 끄덕였다. 하루는 고향인 항구도시에 가서 포교를 할 것을 부처님께 진언하였다.

"부루나야, 그곳은 포악한 이교도들이 많이 산다고 하는데 포교할 수 있겠느냐?"

"세존이시여, 제가 고향에 가서 포교를 할 때 명심해야 할 사항이 있으면 말씀하여 주십시오."

"부루나야, 만일 고향사람들이 그대를 대중의 면전에서 비난하고 비방한다면 그대는 어떻게 하겠느냐?"

"그때는 그들이 지팡이나 돌멩이나 손길, 또는 발길질로 나를 해코지 하지 않은 것을 다행으로 여기겠습니다."

"부루나야, 만약 그들이 나뭇가지나 돌로 그대를 때린다면 어찌할 셈이냐?"

"부처님이시여, 그들이 나를 상해하지 않는 것을 다행이라 생각하겠습니다."

부처님의 결재를 얻어 수로나국으로 간 부루나는 숲에서 자신을 쏘려던 사냥꾼을 교화하여 귀의시키고 불과 몇 년 만에 500개의 승원을 지어 1천여 명의 재가 신도를 불교에 귀의시켰다(잡아함경 311화). 그리고 포교여행을 하다가 이교도들의 습격을 받고 순교한다.

경전에 보면 우바리라는 이름의 또 하나의 존자이름이 나오는데 이 우바리는 카필라궁에 살다가 부처를 따라 출가한 제자이다. 그는 부처 입멸 후에 마하가섭존자가 500명의 비구들과 경전을 결집할 때 참여하지 않고 결집한 초안을 보고는 '자신은 모든 것을 인정하지만 일곱 가지 부분은 따를 수 없다며 나는 부처님에게 직접 들은 것이 있으니 그대로 할 것이라' 며 경전을 받지 않았다는 기록도 있다.

그것은 음식물의 저장과 만드는 법에 관한 계율이었다. 그는 출가자는 철저하게 무소유를 지켜야 한다는 입장이었다.

■ 우파리존자와 라훌라존자

우파리존자는 석가모니 입멸 후 제1차 경전 결집시에 계율부문을 집중적으로 외워 책으로 엮게 하여 계율제일로 알려진 제자이다. 그는 카필라성 궁궐에서 왕실가족의 머리를 깎던 이발사로 석가족 왕자들이 출가하는 것을 보고 같이 출가하여 부처님의 제자가 된 천민출신이다.

그런데 석가족의 왕자들은 출가에 앞서 여행을 하다가 부처님에게 가기로 하고 여러 곳을 관광하고 부처님에게 찾아왔고, 우파리는 미리 와서 계를 받아 석가족 왕자들은 관례에 따라 먼저 출가한 우파리에게 예의를 갖춰 인사하지 않을 수 없었다. 출가 사문의 경우 출가 이전의 신분이나 지위 고하를 묻지 않기에 평등한 관계가 성립되었지만, 가끔 출가 이전의 상하관계로 불편한 일이 많이 발생하였다.

그래서 부처님은 우파리가 숲에 가서 초막을 짓고 수행한다고 했을 때 교단에 남아 수행하라고 했고, 그런 사유로 부처님 곁에서 많은 계율을 받아 외울 수 있었다.

1차 왕사성 질엽굴에서 있었던 불교경전의 결집에서 경장의 결집은 아난다존자가 맡았고, 계율을 정리한 율장은 우파리존자가 맡게 된 연유도 바로 이러한 상황에서 자연스럽게 이뤄진 것이다. 경전의 결집은 부처 입멸 후 3개월 되던 날부터 이듬해 2월 보름날까지 7개월의 기간 동안 합송으로 진행되었다고 기록되어 있다.

우파리존자는 부처님을 모시고 44년간 수행하였으며, 부처님 열반 이후 30년간 계율을 전하는 전법사로 헌신했다. 법랍 74세가 되던 여름에 열반에 들었다.

라훌라 존자는 부처님의 적손이다.

부처는 라훌라가 태어난 지 일주일 만에 성을 넘어 출가를 한다. 그리고 정정각산에 길상초를 갈고 앉아 수행에 전념한다.

궁궁에 남아있던 야소다라 공주는 친척들로부터 라훌라의 정통성을 의심받는데 이때 연못에 바윗돌을 띄우고 그 위에 라훌라를 놓고 하늘에 외친다.

"천신이시여, 제가 부정한 사람이 아니고 제 남편의 아기를 낳았다면 이 돌이 가라앉지 않게 해 주십시오."

야소다라의 말처럼 바윗돌이 가라앉지 않자 정반왕은 연못에 들어가 아기를 두 손으로 받아 안았다. 그러자 아기를 바치고 있던 돌이 물속으로 스르르 잠겨 야쇼다라의 정절을 증명 받았다.

라훌라는 부처가 출가한지 7년 째 되던 해 정반왕이 병으로 눕게 되자 부처님은 속가 아버지의 병구완을 위해 고향을 방문하게 되는데 이때 야소다라는 아들 라훌라에게 이렇게 말한다.

"라훌라야, 저기 금빛 찬란한 가사를 입은 분이 너의 아버지이다. 너는 아버지에게 나아가 이 카필라국을 상속받아라."

이제 겨우 일곱 살에 불과한 라훌라는 어머니의 당부대로 부처님에게 달려가 말했다.

"아버지, 제가 라훌라입니다. 이 카필라국을 제게 상속해 주세요."

부처는 아들 라훌라를 지그시 바라보다가 말했다.

"라훌라야, 나는 너에게 이 카필라국보다 큰 전륜성왕이 가질 세계를 주겠노라."

하시고 사리풋다존자에게 일러 머리를 깎고 출가를 시켰다. 그리고 목련존자로 하여금 스승이 되어 불교의 예법과 계율을 배우게 하였다. 그러나 한창 자랄 어린 소년의 출가는 영양이나 잠자리, 거친 환경 등 많은 문제를 안고 있어 또 다른 계율을 만드니 이것이 사미계이다.

그런데 동진 출가한 라훌라는 또래 아이들처럼 곧잘 장난을 치기도 하고 부처님을 찾아온 장자나 임금님의 심부름을 온 신하들을 골려주기도 했다. 그리고 부처님이 계신 곳을 물으면 정반대로 방향을 알려주어 골탕을 먹이고 좋아라 하며 박수를 쳤다. 하루는 부처님이 그 사실을 알고 대야를 들고 라훌라를 찾으셨다.

"라훌라야, 이 대야에 물을 떠오너라."

"예."

부처님은 라훌라가 길어온 대야의 물에 발을 담갔다. 그리고 발을 대야에서 빼며 물었다.

"너, 이 물을 마실 수 있느냐?"

"아니오. 발을 담가 더러워진 물이라 마실 수 없습니다."

"그래. 더럽지. 네가 요즘 많은 수행자와 나를 찾아온 손님들에게 행한 것처럼 거짓말과 장난치기를 좋아하는 것은 바로 네 마음이 이 더러워진 대야의 물과 같다는 말이다."

라훌라는 부처님의 꾸지람을 듣고 깊이 뉘우쳤다. 그리고 열심히 정진하여 12살이 되던 해에 견성을 이룰 수 있었다.

한 번은 사리풋다존자와 함께 탁발을 나갔다가 거리에서 덩치가 큰 깡패를 만났다. 그 깡패는 사리풋다존자의 발우에 돌멩이를 던져 넣어 깨트리고 빤히 바라보는 라훌라의 머리를 돌로 쳐 머리가 깨지는 일이 있었다. 아픔과 고통이 있었지만 라훌라는 꾹 참고 견디었다.

"라훌라야, 아프고 화가 나지 않더냐?"

라훌라는 빙그레 웃으며 스승이신 사리풋다존자에게 말했다.

"잠시 참으면 되는데 화를 내면 상황이 달라지나요?"

후에 그 이야기를 들은 부처님은 라훌라를 불러 참고 견디는 인욕도 불교를 공부하는 방편이라고 칭찬을 하셨다. 그런 일이 있은 뒤 라훌라는 남몰래 수행 정진하여 밀행제일인 존자로 칭송을 받았으며, 자라서는 비구니들이 공부하는 동원정사에 나아가 초발심 신도들에게 부처님의 가르침을 전하기도 했다.

■ 아난다존자와 가전연존자

부처님의 10대 제자 중에 초기경전에 가장 많이 등장하는 아난다존자는 부처님의 속가 아버지의 동생 곡반왕의 두 아들 중 둘째인 사촌

동생이다. 그리고 이들의 누이가 바로 부처님의 속가 아내였던 야쇼다라 공주이다.

경전에 의하면, 이 곡반왕의 두 아들이 모두 출가를 하는데 첫째인 데바닷다는 훗날 부처님과 맞서 반역의 무리들과 어울리다 죽음을 맞이한 데바닷다이고, 그의 동생이 바로 난타이다.

출가시기는 부처님이 성도 후 7년째가 되던 해 부왕의 병환소식을 전해 듣고 카필라성을 방문할 때로 당시 아난다는 난타와 4촌 형인 아나율 등과 함께 일곱 왕자들과 출가를 하였다.

아난다가 출가하여 25년간 부처님을 시봉하며 다문제일의 제자가 된 것은 부처님의 설법을 듣던 중 신도들의 의중을 파악하여 적시에 질문하고 답을 받아내는 일을 잘 하여 그리 불리기도 하였다. 하지만, 경전을 결집할 당시 부처님이 설하신 가르침을 외워 공인을 받고 그와 같은 경전 출처가 바로 부처님과 아난의 문답으로 이뤄진 것이 많아 그렇게 불리게 된 것이다.

아난다존자는 카필라국 왕실 여인들과 궁녀들의 집단 출가를 도와 부처님을 설득하여 비구니교단이 만들어지게 하였으며, 부처님을 시봉하느라 수행이 부족하여 10대 제자 중에 제일 마지막에 부처 입멸 후에 아라한이 된 분이기도 하다.

특히, 부처님 열반 후 100일째가 되는 때 아라한과를 얻은 500여 비구가 왕사성 칠엽굴에 모여 마하가섭존자의 지휘아래 경전을 결집하려 할 때 아난다는 아라한과를 얻지 못해 참석할 수가 없어 교단의 대표인 마하가섭의 핀잔을 받는다. 아난다는 각고의 노력 끝에 아라한과를 얻고 이 경전 결집에 나아가 부처님께 들은 각종 법문을 송출

하여 500여 비구가 인준하는 방법으로 초기 경전결집에 공을 세운다. 이 초기경전의 말씀이 바로 오늘에 전해지는 아함경과 비유경, 법구경이다.

아난다는 부처님에 이어 가섭존자가 열반에 든 40년 동안 120세까지 교단의 정신적 대표가 되었던 것으로 알려지고 있다. 아난다가 120세 이른 봄에 열반에 들 때 히말라야 설산에서 수행하던 5백여 아라한이 설법을 청하였고, 그 아라한 중에 상라화수에게 법을 전하였다. 그의 사리는 비사리왕과 아사세왕이 나눠 각각 자기 나라에 탑을 세워 공양하였다고 전한다.

논리제일의 가전연존자는 중인도 서쪽 끝에 자리한 아반타국의 수도인 웃제니의 장자의 아들로 바라문 출신이다. 그의 아버지는 국왕인 악생왕의 보좌관으로 취타학의 논사로 널리 알려진 분이었다. 그리고 외삼촌은 바로 부처님이 탄생하셨을 때 나타난 이적을 보고 히말라야 설산에서 달려와 '전륜성왕보다 덕이 크신 부처가 되실 것이라!'고 예언한 아시타선인이다.

아반타국은 부처님이 계신 곳에서 멀리 떨어져 있는 변방이기도 했지만 아시타선인의 지도아래 불교의 가르침이 널리 퍼져있어 국왕인 파죠다왕(악생왕)은 일곱 명의 신하를 선발해 기원정사에 계신 부처님을 초청하고자 하였다. 이때 국왕의 명을 받아 기원정사에 부처님을 찾아가 수행하던 사람 중에 한 사람이 바로 가전연존자이다.

국왕의 명을 받아 기원정사에 찾아갔던 일곱 명의 신하는 왕의 명을 전할 생각도 잊은 채 곧장 부처님에게 귀의하여 수행자가 되었다.

얼마의 시간이 경과한 뒤 가전연이 아라한과를 얻은 뒤 부처님을 뵙고 자국 포교를 의논한 뒤 귀국을 하여 우파리존자처럼 평생 전법포교에 매진한다. 이때 다른 사교를 신봉하던 국왕이 돌아온 그를 보고 화를 내며 죽이려 하였다.

"이놈, 부처를 모시고 오라 했거늘 왕의 명령을 거스르고 스스로 제자가 되어 혼자서 돌아왔느냐? 죽어 마땅한 일이다."

"왕이시여, 제가 무슨 잘못이 있어 죽이려 하십니까? 출가한 승려를 죽여 그 과보를 어떻게 받으려 하십니까?"

"너는 삭발한 중이 되었다. 나는 삭발한 사람을 보면 재수가 없어 죽이려한다."

"지금 불길한 것은 저이지 왕이 아닙니다. 왕께서는 저를 보았으나 저로 하여금 손해난 것이 있습니까?"

악생왕은 가전연의 말을 듣고 죽이려던 마음을 접고 풀어주었다. 그리고 신하들을 시켜 그의 동정을 살피게 하였는데, 말과 행동이 그릇됨이 없이 수행에 전념하며 삶의 진리를 전하는 모습을 보고 감동하여 그의 포교를 적극 지원하게 된다.

부처님의 전법포교 역사 중에 부처님이 이 아반타국의 포교여행은 기록에 없지만 부처님 재세시에 30여 개의 승원이 세워질 정도로 불교에 귀의하는 백성들이 줄을 이었다고 하였다.

가전연존자가 전법포교를 나설 무렵에는 당시 10명의 스님이 있어야 계를 받고 출가를 허락받았다. 그런 어려움 때문에 변방이나 소수민족이 사는 곳에서는 수계스님을 찾지 못해 3년에서 7년 가까이 기다리는 불편을 알고 부처님에게 청하여 5명의 스님만으로도 출가계를 줄 수 있게 하는 등 전법포교에 많은 공적을 남겼다.

　설법제일의 부루나존자도 가전연의 논리와 분석을 통한 간명한 설법을 배웠던 것으로 보아 교단에서 교육을 총괄하는 직을 수행하였음을 가늠케 한다. 특히, 사성평등의 법문으로 바라문의 종성제도의 문제점을 마투라 국왕에게 이해시킨 법문은 현재까지도 논쟁의 일화로 유명하다.

8. 꺼지지 않는 등불

■ 바차국과 인도 16개국왕의 귀의

    부처님의 제자 중에는 인도 여러 나라의 왕자로 있었거나 공주나 궁녀, 재상, 또는 상인이나 국사로 있던 사람 또는 정부의 관리들이 많았다. 그런가 하면 농부나 거름을 나르던 청소부나 짐승을 잡아 파는 업을 하던 백정들도 있었다. 그러나 부처님 제자들은 부처님 곁에서 모두가 지위나 계급이 없이 평등한 생활을 하고 있었다.

    바차국의 국사의 아들로 태어난 빈두로는 방탕한 생활을 하던 모국의 국왕을 교화시켜 불교에 귀의시켰다. 그는 포악하기가 이름이 나 있어 자신이 무료하면 궁녀들을 사자우리에 던져 넣어 사자들이 궁녀를 잡아먹는 것을 지켜보며 즐거워할 정도로 미치광이였다. 그래서 그가 전쟁을 일으키면 주변의 왕들이 겁을 먹고 항복을 하거나 도망치기가 일쑤여서 누구도 그와 대적하려는 왕들이 없었다. 영토는 넓고 왕실에는 온갖 오락기구들이 그를 즐겁게 하였다.

    빈두로는 바차국의 늙은 왕이 세상을 떠나자 왕위에 오른 우타인왕의 폭정을 보다 못해 왕실을 떠나 부처님에게 귀의하였다. 하지만 수행자로 고행을 하면서도 왕의 친구로 바른 지혜로 자문하지 못하고 도망치듯 출가한 것이 늘 마음에 짐으로 남았다.

'아, 젊은 왕이 수백여 년을 이어온 바차국의 문을 닫게 하는구나.'

그의 폭정을 견디다 못한 신하들은 이웃나라로 망명하였고, 나라의 곳곳에서는 부족들의 반란이 그칠 날이 없었다. 우타인왕과 함께 자란 빈두로 수행자는 왕의 분별없는 행동을 보고 걱정이 컸다. 그래서 그를 제도할 생각으로 죽기를 각오하고 바차국 왕실로 그를 찾아갔다.

"뭐 국사의 아들 내 친구가 찾아왔다고? 정말 빈두로가 왔단 말이냐?"

"마마, 옛 친구 빈두로가 인사 올립니다."

"이제 수행생활이 실증이 난 모양이로구나. 다시 돌아왔으니 예전처럼 즐겁게 지내자구나.

"왕이시여 저는 수행을 포기하고 돌아온 것이 아니오라 어진 왕을 위해 기도하려고 찾아온 것입니다."

"무엇이라? 나를 위해 기도한다고?"

"예. 왕이시여, 국사에 전념하십시오. 옛날 슬기롭고 지혜로웠던 왕자님의 훌륭한 모습을 보여주십시오."

"빈두로야, 너는 나를 떠나 비구가 되어 있구나. 내가 싫어서 내 나라를 떠난 것이 아니냐?"

"왕자님, 저는 왕자님을 돕기 위해 수행자가 되었습니다. 많은 백성들이 나라를 등지고 떠남을 알고 그들을 지혜롭게 이끌 지혜를 구하기 위해서 잠시 떠나 있었사옵니다."

"그래? 내가 사자와 호랑이의 싸움을 즐기는 게 싫증이 나서 떠난 게 아니고?"

"마마, 나랏일을 하시다보면 무료하고 피곤하실 수도 있습니다. 오락은 누구나 즐길 수 있습니다."

"그렇구나. 오늘 구섬미성에서 새로 들여온 사자와 호랑이의 싸움을 지켜보며 술을 마시자. 오늘 즐거울 거야. 결투에서 이긴 짐승에게 행실이 나쁜 궁녀 둘을 던져 줄 셈이거든."

빈두로는 합장하고 우타인왕에게 무릎을 꿇었다. 그리고 눈물로 호소하였다.

"친구여, 이제 살생을 그치세요. 다음 세상에 받을 과보를 어찌 감당하려고 이토록 잔인한 일을 즐기고 계시옵니까? 모든 것은 원인이 있고 그 결과는 꼭 자신이 행한 대로 돌려받게 되어 있습니다. 친구여 내가 그대의 죄업을 사함을 받을 수 있다면 제가 모든 것을 짊어지고 가고 싶습니다."

아타인왕은 옛 친구의 눈물어린 호소를 듣고 자세를 고쳐 앉으며 말했다.

"빈두로, 너는 나와 어릴 때부터 함께 자란 친구이다. 네가 모시고 있는 스승에게 너는 무엇을 배웠기에 친구의 죄까지도 짊어지고 간다는 이야기를 하는 것이냐?"

빈두로는 부처님에게 배운 불교의 교리와 무심코 저지른 악행에 관해서 그 과보를 들려주었다. 그러자 줄곧 빈정대기만 하던 우타인왕이 술병을 치우며 다시 물었다.

"친구 빈두로야, 나도 구원을 받을 수 있겠느냐?"

"구원 받으실 수 있습니다, 마마. 나의 친절한 벗이며 왕이시여, 우리가 가진 육체는 결국 무너지고 오늘의 영화는 결국 무너지며, 재보(財寶)는 오래 가지 않아서 없어집니다. 하늘에 떠가는 구름도 문득 사라지고 아름다운 꽃도 금방 시들고 맙니다. 마찬가지로 지금의 젊음도 곧 변하며 결국에는 괴로움과 고통의 덧없는 삶을 알게 되고 슬퍼하게 됩니다."

친구이자 바차국의 국사의 장손으로 부처님의 제자가 된 빈두로의 설법은 우타인 국왕의 마음을 크게 움직였다.

"친구 빈두로여, 난 존자의 설법을 듣고 신세계를 발견한 듯싶습니다. 사치와 오락에서 깨고 나면 늘 괴로운 마음에 술을 마시고 살생을 즐겨했습니다. 이제 마음의 평안을 얻고 싶습니다. 친구여 나의 스승이 되어 나를 가르쳐 주시게."

우타인왕은 참회의 눈물을 흘리며 부처님에게 귀의하여 참되게 살겠다고 다짐하였다. 그는 왕궁 내에 무도장과 동물원을 폐쇄시키고 궁궐에서 나태하게 살고 있는 궁녀들과 시종들을 절반으로 줄이고 그 줄인 인력을 고향으로 돌려보냈다. 그리고 '한 집에서 한 사람씩 부처님에게 출가하여 진리의 말씀을 배우라'는 포고령을 내리기도 하였다.

부처님이 생존 시에 이렇게 국왕과 전 국민이 불교에 귀의하여 나라의 안녕과 마음의 자유를 얻으려 했던 국가는 카필라국을 비롯하여 코살라국, 바차국, 마가다국 등 모두 16개 나라에 이르렀다.

■ 부모를 초막에 버린 사내

부처님이 마가다국 왕사성에서 정부 관리와 상인 등 120여 명에게 계를 주고 제자로 맞이하던 해였다. 다른 해보다 일찍 시작된 장맛비는 그칠 기미도 없이 보름동안 계속 내리고 있었다. 이 장마로 강물이 넘쳐 수만 여 명의 이재민이 발생하였고 집과 논밭이 유실되는 큰 피해가 발생하였다. 수행하는 비구들도 성내 장자들의 보시로 식량을 미리 비축하여 걸식을 못해 굶는 일이 없도록 곡식을 아끼며 살고 있었다.

하루는 선정에서 깨어난 부처님이 제자 아난다와 목련을 가까이 부르셨다.

"아난아, 나와 갈 곳이 있다. 멀지 않은 곳이니 여럿이 갈 곳이 아니다. 차비하도록 하여라."

"세존이시여, 밖에는 소나기가 그칠 기미가 보이지 않습니다."

"한두 시간이 지나면 비가 갤 것이니 두 그릇의 음식과 물을 준비하고 나를 따라 오너라."

부처님의 말씀처럼 금방 비는 그치고 강변을 따라 물안개가 자욱하게 피어오르고 있었다. 아난다와 목련은 부처님의 말씀에 따라 따뜻하게 지은 밥과 국을 밥그릇에 나눠들고 부처님의 뒤를 따라나섰다.

"부처님, 찾아가는 곳이 수행자의 처소입니까?"

"목련아, 나는 어제부터 선정에 들어 멀지않은 토굴에 버려진 늙은 부모의 애끓는 기도소리를 들었다. 오늘 부모를 버린 악한 자식을 제도하고 불쌍한 그 부모를 구제해야 하겠다."

"세존이시여, 음식과 따뜻한 국을 준비하였습니다."

아난다와 목련은 며칠 동안 정사 밖을 떠나신 일이 없는 부처님이 토굴 속에 부모를 버린 악한을 벌하고 늙은 부모를 구제하시겠다는 말에 잠시 고개를 갸웃하고 있었다.

"부모가 자식을 낳아 기르고 가르친 은혜는 이승에서도 다 갚지 못하는데 하물며 나약한 늙은 부모를 빗물이 고여 드는 토굴 속에 버리다니 가엾은 일이로다."

부처님은 한숨을 쉬시며 주장자를 들고 풀숲을 헤치고 숲길을 따라 언덕 아래로 나려가셨다. 그런데 불빛이 새어나오는 건너편 숲속에 작은 오두막초막집이 보이는 것이었다.

"목련아, 나를 따라 들어오너라."

부처님은 금방이라도 무너져 내릴 것만 같은 오두막집 안으로 들어가셨다. 그 오두막집은 오랜 장마 때문인지 방안에는 흥건히 물이 괴어 있고, 그 한편에는 짚을 모아 깔고 앉은 늙은 노부부가 짐승처럼 앉아 있었다.

"노인이시여, 늙기도 서러운데 자식에게까지 버림을 받았구려. 어쩌다 이리 되시었습니까?"

부처님은 그 늙은 부부의 손을 잡으며 눈물을 흘리셨다. 그러나 그 부부는 부처님의 목소리도 듣지 못했는지 넋이 나간 듯 멍하니 천정만 바라보고 있을 뿐이었다. 오히려 소나기 속에 찾아온 부처님 일행이 자신들을 해치지나 않을까 두려움에 떨고 있었다.

아난다와 목련 두 제자가 방안의 청소를 마치고 음식을 그들 앞에 내려놓았다. 그리고 자신들의 옷을 벗어 깔고 그 늙은 부부를 편히 앉게 하였다.

"자, 이리 편하게 앉아 이 식은 음식이라도 좀 드십시오."

"음식이라고요?"

그 늙은 부부는 잠시 망설이다가 음식 냄새를 맡고는 허겁지겁 그 음식을 맛있게 먹었다. 그리고 물병에서 물을 따라주는 이가 바로 부처님이라는 것을 알고는 설움이 복받쳐 오르는 듯 꺼이꺼이 울기 시작하였다.

"부처님 저희 부부는 왕사성에서도 부자로 살던 상인이었습니다. 나이 들어 아들을 하나 낳았는데 그 아들이 늙고 병들어 보기 흉한 우리 부부를 이렇게 오두막집에 버렸습니다."

그 늙은 부부의 이야기를 듣고 목련존자가 울며 부처님에게 말했다.

"세존이시여, 자식이 늙은 부모를 극진히 보살피지는 못할망정 어찌 짐승들이 우글거리는 숲속에 버릴 수가 있단 말입니까?"

바로 이때, 늙은 부부의 아들인 듯싶은 험상궂게 생긴 청년이 원두막으로 들어왔다.

"아, 이런 낭패가 있나? 늙고 병든 부모가 빨리 죽기만을 기다렸는데 당신들 때문에 다 틀려 버렸다. 오늘쯤은 굶어 죽었으리라 생각했는데— 아, 내 뜻대로 되는 게 없어."

그는 품에 지니고 있던 칼을 꺼내들고 부처님에게 달려들었다. 그러나 그 자리에 서서 식은땀을 흘리며 부들부들 떨기만 하였다.

"으, 나에게 무슨 짓을 한 거야? 왜 내 몸을 내가 움직일 수가 없는 거지?"

"어리석은 청년아, 무엇이 두려워 달려들지 못하느냐? 어서 나를 찔러 보아라!"

청년은 화가 나서 달려들고 싶어 했지만 꼼짝도 하지 못하고 팔만 허우적거리며 소리만 질렀다.

"으. 이 악마 같은 수행자들아, 왜 나의 일을 방해하는 거냐? 나는 너희들에게 해코지도 하지 않았거늘 왜 내 집안일을 방해하는 것이냐?"

부처님은 칼을 들고 달려들던 그 청년을 위해 부모의 은혜 열 가지를 들려주었다. 그는 처음에는 화를 내다가 부처님의 설법을 듣고는 자신이 저지른 죄가 얼마나 무서운 것인지를 깨닫고 소리 내어 울기 시작했다. 그리고 늙은 부모를 끌어안고 불효를 뉘우치고 용서를 빌었다.

"불쌍하신 아버지 어머니, 이 못난 아들이 잠시 악마에게 홀려 있었나 봅니다. 이 불효를 어찌하면 되옵니까?"

"아, 우리 아들. 나와 네 어머니가 너를 한시라도 사랑하지 않던 일이 있었더냐? 용서할 것이 무엇이고 용서를 받을 일이 무엇이더냐? 너는 둘도 없는 우리의 자식이요 피붙이가 아니더냐?"

"아버지, 어머니! 제가 욕심에 눈이 멀어 죽을죄를 지었습니다."

부처님은 새롭게 태어난 그 망나니 아들이 늙은 부모를 모시고 집으로 돌아갈 수 있도록 잠시 비를 멈추게 하였다. 부처님은 그 청년에게 이렇게 당부하였다.

"젊은이여! 낳고 기르고 가르쳐 자립할 때까지 부모가 흘린 땀과 노력을 생각하며 모셔도 부족한 것이 부모의 은혜이니라. 부모가 세상을 떠나신 뒤 후회하지 말고 극진히 모시도록 하여라."

"거룩하신 부처님, 부처님을 만나지 못하였으면 어리석은 이 중생은 악마의 꾀에 빠져 부모에게 큰 죄를 지을 뻔하였습니다."

이때, 부처님이 망나니 청년에게 일러준 부모님의 은혜 열 가지는 이듬해 남방으로 여행 중에 있었던 일화를 포함하여 하나의 경전으로 엮어졌는데 이것이 바로 '불설대부모은중경' 이다.

■ 부모은중경(父母恩重經)의 탄생

부처님이 기원정사에서 우기를 보내시고 죽림정사로 가시던 길이었다. 산기슭의 언덕바기 옆에 지난 장마 때 유실된 듯한 움집이 있었다.

부처님은 그 움집을 잠시 바라보시다가 빗물에 무너진 움 터에 나뒹구는 뼈 무더기와 백골을 보시고 예배하셨다.

당시 인도의 풍습으로는 사람이 죽으면 주검을 화장을 하거나 갠지스 강에 수장을 하는 방법으로 장례를 치렀는데, 주검이 백골이 되어 움집 근처에 나뒹구는 것은 그가 다른 이의 보살핌도 받지 못했거나 간병인도 없이 홀로 앓다가 죽음을 맞이했을 수도 있었다.

부처님은 그 뼈 무더기를 보고 합장하고 예배하시며 기원하셨다.

"가엾은 망자시여, 극락왕생 하옵소서!"

부처님을 곁에서 시봉하던 아난다존자가 놀라 부처님께 여쭈었다.

"세존이시여, 어찌하여 저 이름 없는 뼈 무더기를 향해 예배하시옵니까?"

"아난아, 너는 나의 상수제자로 출가한지 오래되었지만, 모든 일을 넓게 알지 못하는구나. 이 한 무더기의 삭은 뼈는 어쩌면 내 전생의 조상님의 뼈이거나 그렇지 않으면 여러 대를 거쳐 온 내 부모님의 뼈일 수도 있다. 그래서 내가 예배한 것이다."

"세존이시여, 사람은 죽은 뒤에 백골이 똑같은데 그것을 어찌 구분할 수 있는지요?"

시신을 놓고 그 시신이 허물어져 백골을 지켜보며 '백골관'을 통해 인간의 생사관을 참구하던 제자들은 귀를 쫑긋 세우고 부처님의 말씀을 경청하였다.

"보아라. 한 무더기의 뼈라도 그것이 남자의 머리뼈라면 희고 무거울 것이고, 여인의 머리뼈라면 검고 가벼울 것이다."

아난다는 그 움터에서 삭은 뼈 무더기를 들어 살펴보고는 다시 부처님에게 여쭈었다.

"세존이시여, 뼈의 무게와 색깔을 통해 구분은 하오니 그 원인은 무엇 때문입니까?"

"아난아, 여인의 머리뼈가 가벼운 것은 세상에 있으면서 음란한 욕심으로 자기 뜻을 방자하게 갖고 자식을 한 번 낳으려면 엉긴 피를 서 말 서 되나 흘리고, 자식을 낳은 후에는 여덟 섬 너 말의 흰 젖을 먹여야 하는 까닭이다. 그리하여 머리뼈가 검고 또한 가벼운 것이니라."

"아, 어머니!"

아난다는 부처님의 말씀을 듣고 흐느껴 울며 자식이 부모의 은혜를 어떻게 갚아야 할지 다시 여쭈었다.

"아난아, 자식이 부모의 은혜를 갚으려면 부모를 위해 삼보께 공양하고, 부모를 위해 계율을 받아 지니며, 몸과 마음을 깨끗이 하고 부모를 위해 보시하여 복록을 닦아야 하느니라."

"거룩하신 세존이시여, 출가 사문으로 곁에서 받들어 모시지는 못하지만 부모를 위해 염불을 하고 죄와 허물을 깊이 뉘우치겠습니다."

"그래. 불효한 자식은 몸이 허물어지고 목숨이 다 하면 아비무간 지옥에 떨어지게 된다. 이 지옥은 사방이 무쇠로 된 섬으로 오물이 둘러싸여 있는데, 바닥은 구릿물이 끓고 있다. 천둥 번개에 놀란 죄인들을 모아 연기와 불길 속에서 지지고 볶고 구워서 그 고통은 참기 어려울 것이니라."

석가모니 부처님이 부모의 은혜에 대한 자식들의 불효와 그 죄를 이야기 하자 그 자리에 모여 있던 제자들은 큰소리로 울며 다짐하였다.

"세존이시여, 부모를 위해 경을 외고 부모를 위해 복을 닦겠나이다."

부처님의 말씀을 듣고 목련존자는 30여 년 전에 세상을 떠나신 어머니 청제부인이 지금 어느 세상에 다시 태어나 살고 계신지 알고 싶었다. 그래서 평소 어머니가 말씀하셨던 하늘 세상에 가서 어머니를 뵙고 와야 하겠다는 생각을 하게 되었다.

목련은 자기를 시봉하는 제자에게 자기의 선정을 깨우지 못하게 이르고 깊은 삼매에 들어 자신이 깨우친 여섯 가지의 신통력으로 극락세계와 지옥세계를 돌아보려고 하였다.

'부모님들께서는 그 무서운 지옥세계에 계시지는 않을 것이야. 아버지 부상어른은 평소 얼마나 선업을 지으셨는데….'

목련은 먼저 신통력으로 도솔천 하늘세계로 올라가 천사들과 아름다운 화원에서 꽃을 가꾸시는 아버지 부상어른을 뵈었다.

"아버지, 어머니는 어디 계시옵니까?"

"아들 나복아(목련의 속가이름), 네 어머니는 이 천상에 오시지 않은 모양이다. 그동안 내가 이 하늘세상에서 찾아보곤 하였지만 33천 천상세계 그 어디에서도 네 어머니의 행방을 알 수가 없었느니라."

"어머니가 여기에 안 계시다구요?"

목련은 눈앞이 캄캄하였다.

"아버님, 이 하늘 세상에 태어나지 않으셨다면 지옥세상이나 욕계 칠천하늘에 태어나셨단 말입니까?"

"아들아, 네가 부처님의 상수제자가 되었으니 네 능력으로도 네 어미의 행방을 알아볼 수는 있을 것이니라. 사바연의 인연으로 다시 하늘아래 욕계 세상에 태어났다면 내가 모를 일이 없을 텐데 아쉽구나. 지옥계를 두루 살펴 네 어미의 행방을 찾아보아라."

"예. 아버님!"

목련은 복받치는 울음을 삼키며 지옥세상으로 내려가 여러 지옥을 돌아보았다.

아, 그런데 이게 웬일일까? 어릴 때 그토록 삼보에 귀의하여 공양하고 보시공덕을 지으셨다고 입버릇처럼 말하시던 그의 어머니가 지옥 중에서도 가장 징벌이 심하다는 아비무간지옥에 계시는 것이었다.

아비무간지옥에 가서 간수를 찾으니 머리는 소와 말의 형상을 한 간수들이 우르르 달려와 예배하며 말했다.

"목련 스님, 부처님의 제자께서 어떻게 이 아비무간지옥에까지 찾아오셨습니까? 이 지옥의 죄인들은 이승에서 지은 죄가 태산같이 많아 그가 지은 죄의 업풍(業風)에 밀려 하늘에서 떨어져 내립니다."

"들어오고 나가는 문도 없어 이곳에서 벗어날 방법은 없습니다. 있다면 석가모니 부처님만이 헤아려 아실 것이옵니다."

목련은 눈물을 흘리며 지옥에 계신 어머니 청제부인을 한 번 뵙고 가게 해달라고 말했다.

"목련 스님, 스님이 어머니를 보실 수는 있으나 스님의 어떠한 말이라도 죄인들은 들을 수가 없사옵니다."

"오, 가엾으신 어머니. 이승에 계시면서 얼마나 많은 죄를 지으셨기에 업풍에 밀려 이 지옥에까지 오셨단 말입니까?"

목련은 간수가 물러가자 신통력으로 지옥세상을 비춰보았다. 시뻘건 구릿물이 끓고 있는 아비무간지옥이 거울처럼 나타났다. 그 가운데 어머니 청제부인이 야위어서 뼈와 가죽만이 남은 모습으로 구릿물이 끓고 있는 쇠솥에서 기어 나와 솥 끝에 앉아 있다가 간수들의 쇠꼬챙이에 꿰어져 다시 솥 안 가장자리에 던져지고 있었다. 그가 너무도 참혹하여 울고 있는 사이에도 어머니는 몇 번이나 그런 일이 반복되어 고통을 당하시고 계셨다.

"간수님, 우리 아들 나복이가 부처님의 제자가 되어 어리석은 중생을 구제하고 있답니다. 제 사정을 이야기 좀 해서 저를 구해주게 하십시오. 도와주십시오."

"시끄럽다. 네 죄가 얼마나 크고 무거운 데 벌써부터 구원타령이냐?"

목련은 정사로 돌아와 선정에서 깨어나 부처님을 찾아갔다. 그리고 자신이 목격한 지옥의 참혹한 모습을 이야기하고 지옥에 계신 어머니를 구제하기 위한 방편을 물었다.

"목련아, 아비무간지옥의 문은 지금까지 한 번도 열리거나 열린 적도 없다. 어머니를 구원하기 위한 간절한 서원이라도 죄의 무게가 크고도 깊어 누구인가 그를 위해 보시와 선업의 노력 없이 이룰 수 없는 일이니라."

"세존이시여, 제 어머니를 구원할 방편을 일러주십시오."

"내 가사를 입고 주장자와 내 발우를 들고 가서 아비무간지옥의 벽을 두드려라. 그리하면 지옥이 열리고 지옥문이 열린 순간만이라도 지옥 중생들은 평안을 얻으리라."

목련존자는 부처님의 가사와 발우, 주장자를 빌려들고 다시 아비무간지옥을 찾아갔다. 그의 손에는 그 지옥 중생들이 쉴 동안 어머니에게 드릴 시원한 물과 따뜻하게 지은 밥사발이 들려 있었다.

'쿵! 쿵! 쿵!'

부처님의 지팡이(주장자)가 아비무간지옥을 천둥처럼 울려 퍼지자 펄펄 끓던 구릿물이 시원한 목욕물로 바뀌고 지옥의 둥근 문도 스스로 열렸다.

간수들이 부처님의 모습으로 찾아온 목련존자에게 예배하고 모두 엎드렸다.

"거룩하신 세존이시여, 아비무간지옥의 간수들이 인사 올립니다."

"나는 부처님의 제자 목련이오. 부처님의 가피로 어머니 청제부인을 만나러 왔으니 이리 모시고 오너라."

"예. 부처님의 위신력으로 지옥이 만들어진 이래 처음으로 문이 열리고 지옥의 업무가 정지됩니다. 잠시 기다리십시오. 죄인을 대령하겠사옵니다."

청제부인이 아들인 목련의 앞으로 인도되자 어머니는 인사도 없이 밥그릇의 밥을 보고는 손으로 움켜잡아 먹으려고 하였다. 하지만, 밥알갱이들은 시뻘건 구슬공이가 되어 입과 목구멍을 태우며 몸을 뚫고 나왔다. 그리고 찬물을 마시려고 입에 대고 먹으려는데 그 물은 펄펄 끓는 쇳물이 되어 살갗을 뚫고 빠져나왔다.

우두나찰의 우두머리가 다가와 말했다.

"목련 스님, 부처님의 가피로 지옥의 열기가 잠시 식었지만, 죄인 개개인은 업장이 두터워 은혜를 받지 못합니다. 이제 그만 돌아가십시오."

음식과 물조차 자기 목으로 넘기지 못하는 어머니의 고통을 보다 못한 목련은 쓰러질 듯 휘청거리며 부처님이 계신 정사로 돌아와 말했다.

"세존이시여 사생의 어버이시어, 지옥에 계신 어머니는 한 알의 밥알도 한모금의 물도 마시지 못하셨습니다. 무엇 때문에 그러한 고통을 감내해야 하는 것이옵니까?"

"목련아, 너무 슬퍼하지 마라. 살아생전 수행자의 말을 경청하지 않았고, 탐내고 시기하고 나쁜 죄를 지은 것이 태산과 같이 많아서 아비무간지옥에 떨어진 것이니라."

"자식이 수행자가 되어 중생의 고통을 헤아려 제도한다고 하면서 자기 어머니조차 구원하지 못한다면 어찌 수행자의 본이 되겠습니까? 그 방편을 일러주옵소서!"

부처님은 너무도 간절해서 피눈물을 흘리고 있는 목련을 칭찬하며 다음과 같이 그 방편을 일러주셨다.

"목련아, 그 방편은 이러하다. 오는 칠월 보름 우란분재일에 1백가지 음식과 1백여 명의 스님께 공양하고 어머니를 위해 경을 외워라. 그리하면 그 원력으로 어머니가 지옥도에서 벗어날 수 있으리라."

"사생자부 거룩하신 부처님, 자식이 부모를 위한 일인데 무엇을 망설이겠습니까? 칠월보름 우란분재일에 어머니를 위해 음식을 만들고 100명의 수행자를 모셔다가 경을 외우며 천도재를 올리겠나이다."

며칠 후, 목련존자는 부처님이 일러주신 대로 100가지 음식을 만들고 100명의 스님을 초청해 우란분재를 열었다. 그리하여 어머니 청제부인을 하늘세계에 나시게 하였다.

청제부인은 처음부터 하늘 세상에 나신 게 아니라 하루살이 벌레로 태어났다가 자기가 살생을 즐기던 대상의 짐승으로 태어나 살생의 고통을 잠시나마 느끼다가 마지막 하늘세상으로 태어나게 되었다.

요즘도 7월 보름 사찰에서 베풀어지는 우란분재 행사는 바로 이때 목련존자가 행하던 우란분재 천도재 의식에 따라 선망 부모와 조상들을 위해 살아있는 자식들이 출가 승려에게 공양하며 부모의 은혜에 감사하는 의식으로 전해진 것이다. 우란분(盂蘭盆)이라는 말은 거꾸로 매달려 고통 받은 자를 잠시 그 고통에서 벗어나게 한다는 의미를 가진다. 그리고 이와 같은 이야기를 모아 엮은 경전이 바로 '불설 대부모은중경' 의 가르침이다.

그동안 이 경전은 영화나 문화콘텐츠로 많이 제작되었는데, 대중영화로는 대만의 양철부 감독이 만든 '목련구모' 불화로는 국립중앙도서관에 소장중인 감로도(甘露圖), 문학작품으로는 백금남의 장편소설

'목련의 기도', 최은미의 '목련장전', 음악작품으로는 교성곡 '아, 목련이시여!' 등이 있다.

■ 최초로 만든 불상

목련존자의 지옥세상 이야기로 천도재 의식이 재가 불자 사이에서도 널리 봉행될 무렵 부처님은 하늘 세상에 계신 선망 부모님을 뵙고 하늘세상 중생들을 위해 가르침을 전하실 계획을 세우셨다.

그리하여 상수제자들에게 자신의 출타사실을 알리는데 부처님의 행적 중에 1백일 동안 무엇을 하셨는지 기록이 없는 부분은 바로 이 무렵 '도솔천(兜率天)에 올라가 천상부모와 제석천과 천사들을 제도하고 왔다.'고 하셨다.

매일 부처님께 예배하고 공양을 올리던 우전왕은 부처님이 오래 출타해 계시자 그리운 나머지 향나무의 일종인 '전단향'이라는 나무를 이용하여 부처님의 좌상을 조각하여 만들었다. 그리고 부처님이 앉아 설법하시던 설법단 중앙에 모셔놓고 아침저녁으로 평상시처럼 예배하며 부처님 말씀을 되새겼다.

우전왕뿐만이 아니라 재가 신도들과 수행자들도 살아있는 부처님을 뵙듯 예배하고 공양을 올리고 하루 일과를 시작하고 마무리하였다. 그리고 부처님이 도솔천에서 돌아오시자 우전왕과 재가신도들은 잃었던 부모를 다시 찾은 것처럼 큰소리로 '부처님, 세존이시여!'를 부르며 울먹였다.

부처님이 놀라 우전왕의 영접을 받으시며 물었다.

"왕이시여, 단 하루, 내가 없는 동안 무슨 일이라도 있었습니까?"

"부처님, 하루라뇨? 부처님이 출타하신 기간은 백일이었습니다."

"허, 백일이라고? 하늘 세상에서는 하루였습니다."

부처님은 정사 안쪽으로 들어가시려다 자기의 설법단을 장엄한 불상을 보고 놀라 물으셨다.

"아니? 아난다야, 저것이 무엇인가? 누가 우상을 만들라고 했는가?"

그제야 우전왕이 앞으로 나서며 말했다.

"세존이시여, 제가 신도들과 매일 아침저녁으로 공양하고 예배를 드리다가 석 달이 넘도록 오시지 않아 그리워한 나머지 부처님을 닮은 좌상을 조성하고 평소처럼 공양하고 예배하며 부처님 말씀을 되새겼습니다. 잘못이 있다면 저의 불찰이오니 저를 꾸짖어 주십시오."

"부처의 모습을 하고 있다고 해서 부처가 된단 말이냐? 우상을 다시는 만들지 말라."

사리풋다가 당황하여 무릎을 꿇으며 말했다.

"세존이시여, 부처님이 떠나신 뒤 마음을 의지할 곳이 없는 재가불자들이 스스로 만든 부처님 상입니다. 저도 아침저녁으로 부처님을 대하듯 예배하며 오래전 부처님이 제게 들려주시던 가르침을 되새기곤 하였습니다."

"그랬구나."

부처님은 잠시 그 부처님 좌상을 보시다가 말했다.

"우전왕이시여, 신앙심을 바르게 하기 위해 부처상을 조성하여 그 다짐을 새롭게 하는 것도 좋은 일입니다. 하지만 진리를 외면하고 그

형체만을 쫓아 예경의 대상이 되게 해서는 안 됩니다."

"거룩하신 부처님, 감사하옵니다."

부처님은 그 좌상을 파괴하거나 버리게 하지 않으시고 설법단 옆에 놓게 하셨다. 그날 이후 부처님이 말나유족이 다스리는 사라쌍수에서 열반에 드실 때까지 많은 재가 신도들이 부처님 좌상과 입상을 만들어 집이나 사당을 지어 모시기 시작하였다.

그리고 맨 처음 우전왕이 전단향나무로 조성한 부처님 좌상 이야기를 전해들은 이웃나라 다사익왕은 그 당시 인도에서 가장 귀하게 여기던 '다마금'이라는 금붙이로 부처님 좌상을 조성하였는데 이것이 최초의 금동불상으로 알려지고 있으나 현존하지는 않는다.

사라쌍수열반당

■ 가난한 노파의 등불 공양

중인도 사위성 밖에 아주 가난한 노파가 살고 있었다.

그는 자식과 남편도 없이 매일 동냥을 얻어 목숨을 이어가는 외롭고 가난한 노파였다. 그는 사위성 밖에 부처님이 제자들과 머무르며 가르침을 베푼다는 이야기를 듣고도 그곳을 찾아가 부처님 말씀을 들을 수가 없었다.

어느 날, 부처님이 기원정사에서 가르침을 베풀고 왕실 사람들이 부처님과 제자스님들에게 석 달 열흘 동안 공양한다는 이야기를 듣게 되었다.

더욱이 사위성의 임금님과 왕실 가족들이 기원정사 소원의 탑에 1만개의 등을 밝혀서 자기의 서원을 빈다는 이야기를 듣고는 가슴이 설레기 시작하였다.

'임금님은 1만 개의 소원이 등불을 밝힌다고 하는데 나는 단 한 개의 등불도 밝히지 못하는구나. 나도 등을 밝힐 수는 없을까?'

백성들은 궁궐의 양쪽 성문에서부터 기원정사에 이르는 길가에 등을 밝히기 위해 기름을 사고 등을 사서 나뭇가지에 밤마다 달아놓고 소원을 빌었다. 그래서 궁궐에서부터 기원정사에 이르기까지 등불이 밤하늘을 환하게 밝히고 있었다.

'내 머리칼이라도 잘라서 등을 밝혀야 하겠다.'

노파는 궁리 끝에 자신의 머리를 잘라 헐값에 팔았다. 그리고 그 돈으로 기름집으로 달려갔다.

"주인장, 기원정사 소원의 탑에 저도 등을 밝히려고 합니다. 이 돈으로 살 수 있을 만큼의 기름을 주시면 감사하겠습니다."

"할머니, 이 돈으로는 등잔 하나를 밝히기에도 부족합니다. 하지만 넉넉하게 드리겠습니다. 꼭 소원을 이루세요."

"고맙습니다."

노파는 기름을 사서 작은 등잔을 구해 불을 켰다. 그리고 그 등잔을 소원의 탑에 올려놓고 두 손을 모으고 소원을 빌었다.

"비옵니다. 저는 부자도, 행복한 다음 세상도 바라지 않습니다. 먼 훗날 제가 부처로 태어나게 하여 주십시오."

노파는 소원을 빌고 행복한 얼굴로 자기가 사는 골목길 움막으로 걸어갔다.

다음 날 새벽 국왕과 사위성에 살고 있는 부자들이 켜 놓은 등불은 바람결에 모두 꺼져 버렸지만 웬일인지 가난한 그 노파가 켜놓은 등불은 오히려 세찬 바람 속에서도 더 밝은 빛으로 타오르고 있었다.

부처님과 제자 아난다가 정사를 나오다가 이 모습을 보았다.

"부처님, 저 한 개의 등불을 끄고 오겠습니다."

"아난다야, 끄지 마라. 저 등불은 가난하고 늙은 여인의 크고 높은 서원으로 이루어져 있다. 저 등불은 네 힘으로 끌 수도 없다. 저 착한 노파는 오늘의 인연으로 미래 세상에 부처가 될 것이다."

부처님의 이 말을 아난다존자에게 전해들은 사위성의 국왕은 흥분된 얼굴로 부처님을 찾아와 항의하는 말투로 말했다.

"거룩하신 부처님, 한 개의 등불을 켠 저 늙고 힘없는 노파는 부처가 된다고 하시고 왜 1만 개의 등을 밝힌 저에게는 아무런 축복의 말씀도 없습니까?"

부처님은 국왕을 다정하게 바라보며 다음과 같이 이야기 하였다.

"왕이시여, 불교의 뜻은 참으로 뜻이 깊고 헤아리기 어렵습니다. 1만 개의 등불을 켜서 깨달음을 얻을 수 없는 것을 한 개의 등불을 켜서 얻을 수 있는 것은 바로 깨끗한 믿음과 정성에 있는 것입니다. 그러므로 스스로 겸손하고 남을 공경하며 자기가 한 일을 자랑하지 않는 생활을 하면 왕께서도 부처가 되실 수 있습니다."

"부처님, 제가 오만하고 어리석었사옵니다. 더욱 정진하여 오만함을 버리고 겸손을 배우겠습니다."

사위성의 국왕은 자신이 그동안 오만했던 마음을 뉘우치고 부처님 앞에 무릎을 꿇고 용서를 빌었다. '빈자의 일등(壹燈) 장자의 만등(萬燈)' 이야기는 바로 이 이야기가 전해진 것이다.

■ 마등가와 바보 판타카

부처님의 제자 중에 아난다는 많은 여인들의 유혹에 성안으로 탁발을 나갈 수가 없었다. 빛나는 눈과 온화한 얼굴, 늠름한 걸음걸이를 보고 궁궐안의 처녀들은 탁발을 나선 아난다를 졸졸 따르며 노래를 불렀다.

'서방님, 서방님 나 좀 보서요. 사랑하는 서방님 우리 서방님.'

그 처녀들 중에 '마등가' 라는 무당의 딸이 있었다. 그는 천민 계급의 백정의 딸로 아난다를 보고 짝사랑하여 그만 상사병으로 자리에 눕고 말았다.

"어머니, 아난다 스님을 뵙게 해주세요. 그 분의 목소리만이라도 듣고 싶어요."

"마등가야, 정신 차려라!"

그의 어머니는 천민 계급으로 신분이 높은 왕가의 혈통을 가진 아난다를 짝사랑한다는 것을 알고 크게 놀랐다.

"마등가야, 아난다 스님은 안 된다. 그 분은 출가하여 부처님의 제자가 되었고, 부처님의 제자가 아니더라도 너와는 어울릴 수 없는 신분이야."

"어머니, 부처님은 모두가 평등하다고 가르치신다면서요."

"글쎄. 이뤄질 수 없는 일을 너는 왜 그리 고집하고 있는지 모르겠구나. 단념하여라. 다른 것이라면 모두 들어주겠지만 그 일만은 나도 어쩔 수 없구나."

"어머니, 그 분을 뵙게만 해 주셔요. 하룻밤이라도 제가 모시게 해주세요. 그도 안 된다면 차라리 죽고 말겠습니다."

"죽다니 부모 앞에서 그게 무슨 말이냐?"

마등가는 아예 단식을 하며 주술과 마법으로 유명한 그의 어머니 칸달라를 졸랐다.

"아, 이 일을 어쩌면 좋을까? 할 수 없구나. 우선 사랑하는 딸부터 구해야지."

어머니 칸달라는 주술과 마법으로 어느 날 정사에서 은밀하게 아난다를 자기 집으로 불러냈다. 그는 신통력으로 아난다가 가까이 오는 것을 알고 집안을 깨끗하게 치우고 향을 피워 마법의 냄새를 지웠다.

아난다는 몽유병 환자처럼 칸달라의 집으로 찾아왔다.

"아난다 스님, 어서 오셔요. 기다리고 있었습니다."
"뭐? 나를 기다리고 있었다고?"
아난다는 마등가가 이끄는 대로 화려하게 꾸며놓은 방으로 들어갔다. 그 때 마등가의 유리목걸이가 '쨍그랑' 하고 울렸다.
"아, 기원정사의 명종소리!"
아난다는 문득 마등가의 유리목걸이 소리를 기원정사의 종소리로 알아듣고 정신을 차렸다. 그리고 놀라서 물었다.
"아니, 여기는 어디인가요? 내가 왜 이런 밤중에 당신의 방에 들어와 있지요?"
그제야 마등가는 자신이 아난다 스님을 모시기 위해 어머니의 마법으로 정사에서 이리 불러내게 되었다고 말했다.
"마등가야, 나는 부처님의 제자이니라. 나를 파계시키지 말라."
아난다는 칸달라의 집을 뛰쳐나와 정사로 돌아왔다. 그러나 마등가는 단념하지 않고 매일같이 곱게 단장하고 아침마다 비구들이 탁발을 나가는 길목에서 아난다를 기다렸다.
"스님, 나의 사랑 아난다 스님."
마등가는 부끄러움도 모르고 아난다의 뒤를 졸졸 따라다녔다. 아난다가 아무리 타일러도 그는 듣지 않았다. 마침내 아난다는 부처님에게 이 사실을 고백하고 부처님과 함께 탁발을 나갔다.
그날도 마등가는 길목에 서 있다가 아난다와 부처님의 뒤를 따르며 외쳤다.
"오, 나의 사랑하는 스님. 저는 당신이 오시길 얼마나 기다렸는지 모릅니다. 저 얼굴, 저 멋진 모습, 저 단정한 걸음걸이를 보는 것만으로도 저는 미칠 것만 같사옵니다."

부처님은 잠시 걸음을 멈추었다. 그리고 마등가와 저만치 숨어서 이들의 모습을 엿보는 어머니 칸달라를 가까이 불렀다.

"마등가야, 여기 서 있는 아난다와 결혼하고 싶으냐?"

"예. 저는 아난다 스님 없이는 죽고 말 것입니다. 결혼시켜 주십시오."

부처님은 다시 마등가의 어머니에게 물었다.

"칸달라야, 마등가를 아난다에게 결혼시킬 의향이 있느냐?"

"예. 부처님, 저는 제 딸 마등가가 원하는 일이라면 무엇이든 들어주고 싶습니다."

"알았다. 그럼 마등가를 출가시켜라!"

"마등가가 출가해서 아난다 스님과 맺어질 수 있다면 기꺼이 보내드리겠습니다."

부처님은 마등가의 머리를 깎아주고 법의를 입힌 후에 비구니들이 공부하는 절이 아닌 비구들만이 생활하는 기원정사에 머물게 하였다. 그리고 직접 불법을 가르쳤다.

마등가는 아난다와 결혼할 생각에 열심히 수행하며 동원정사로 설법을 하러 가는 비구들과 자주 비구니의 생활을 보고 오곤 하였다. 그러다가 참된 불자가 된 마등가는 자신의 잘못과 어리석음을 깨닫고 동원정사로 돌아가 독실한 비구니가 되었다. 그러나 사위성 사람들은 백정의 딸까지 출가시켜 교단에 넣었다고 해서 부처님과 승려들을 비난하기 시작했다.

부처님은 조금도 동요하지 않고 '천강이 모여 바다가 된다.' 는 설법으로 제자들과 궁성 사람들을 가르쳤다.

"바다로 흘러가는 크고 작은 강은 얼마나 되는지 알 수가 없다. 그 강물이 바다로 흘러 들어간 다음에는 강의 이름이나 흘러온 계통은 사라지고 만다. 다만, 바다라는 이름만으로 불리게 된다. 그리고 수천수만의 강이 바다로 흘러들지만, 바다는 조금도 줄거나 넘치지 않는다. 마찬가지로 출가하여 나의 가르침에 따르고 한 곳에 머물지 않는 생활을 한다면 모두가 평등한 부처의 제자가 된다."

'증일 아함경'에 나오는 바보 판다카 이야기는 바로 이 무렵에 두 형과 함께 출가한 어린동생이었다. 그런데, 두 형들은 총명하여 금방 진리를 깨우쳐 아라한이 되었지만 막내는 우둔하여 공부에 전혀 진전이 없었다. 그래서 형들은 그에게 돌아가 부모님을 모시고 농사를 지으며 살라고 일렀다.

"형님들 저도 형들 옆에서 공부하고 싶어요."

"너는 농사를 지으며 고향을 지키고 사는 게 좋겠다. 공부할 머리가 되지 않는다는 것을 너도 알고 있지 않으냐?"

"형님, 집으로 돌아가기 싫어요."

하루는 그가 정사 문 밖에서 울고 있는 것을 보고 부처님이 다가와 물었다.

"판다카야, 울지 말라. 네가 위없는 깨침을 이루려는 것은 네 형들에 의한 것이 아니니라. 너는 오늘부터 이 방과 대중들의 방을 청소하는 일을 맡아라. 그러면서 항상 마음속으로 '빗자루, 마음을 쓰는 빗자루를 외우며 생각하여라."

부처님은 제자들에게도 판다카를 위해서 그가 여러 대중들의 방을 청소할 때 '쓰는 빗자루, 마음을 쓰는 빗자루'를 외워 그가 그 뜻을 깨우쳐 알게 하라고 이르셨다. 그러나 안타깝게도 판다카는 '쓰는'을 외우면 '빗자루'를 잊고 '빗자루'를 외우면 앞의 '쓰는'을 잊었다. 하지만 실망하지 않고 꾸준히 노력하여 그 낱말을 외우게 되었고, 그 말의 뜻을 깨우쳐 알게 되었다.
　'쓰는 빗자루가 무엇일까? 이것은 티끌을 쓸어 없앤다는 의미일 것이다. 어떤 것이 티끌이며 또 어떤 것을 쓴다는 것일까? 티끌이란 재, 흙, 먼지, 돌이요, 쓴다는 것은 청정하게 한다는 뜻일 것이다. 그렇구나. 마음 가득 많은 생각이 바로 티끌인데 난 아직 그것을 모르고 있었구나.'

　마침내 판다카는 진실을 깨닫고 '번뇌가 티끌이요 지혜가 이 티끌을 쓰는 것이로다. 내 이제 지혜의 비로서 이 번뇌를 깨끗이 쓸 것이로다' 하고 다짐했다. 판다카는 그 후 동원정사에 있는 비구니들의 스승으로 가르침을 베풀 정도로 진리를 깨닫고 존자로서 존경을 받기에 이르렀다.

■ **귀자모의 아들 빈가라**

　부처님 나이 66세 되시던 해였다.
　부처님은 대도국에 파송되었던 포교사들의 요청으로 대도국을 방문하시게 되었다. 6백여 명의 비구들을 이끌고 대도국을 방문한 부처님은 가는 곳마다 어린아기를 잃고 우는 여인들을 만나게 되었다. 전염병이 돌거나 짐승들에게 물려간 일도 없는 초원의 나라에서 여인들의 울음소리는 수행자들의 마음을 매우 언짢게 하였다.

부처님이 대도성 성주에게 공양을 받고 돌아오는 길에 또 아기를 잃고 섧게 우는 젊은 여인을 만나게 되었다. 부처님은 잠시 걸음을 멈추고 그 여인에게 물었다.

"그대는 무슨 일로 그렇게 서럽게 울고 있느냐?"

"부처님, 귀자모가 제 아기를 부부가 일터로 나간 사이 유괴하여 갔습니다. 그가 아기를 유괴하여 잡아먹는다는 소문이 있어 이리 울고 있습니다."

"그럼, 성주에게 호소하여 아기를 되찾으면 되지 않겠느냐?"

"부처님, 그는 베차성 성주의 아내라 호소를 하면 아기를 잃은 어머니만 피해를 봅니다."

"그렇구나. 이제 그 귀자모를 가르쳐 모든 여인이 두려움과 슬픔의 고통을 잊게 하겠다."

부처님은 곧 목련존자를 시켜 귀자모가 가장 사랑하는 그의 막내아들 빈가라를 데려와서 비구들이 머무르는 숲에 감추게 했다. 귀자모는 그날도 아기를 훔치러 마을에 내려갔다가 돌이 지난 두 아이를 부모 몰래 훔쳐 가지고 성으로 돌아와 자기의 사랑하는 아들을 불렀다.

"빈가라야, 빈가라야!"

귀자모는 사랑하는 아들이 없어진 것을 알고 병사들을 풀어 숲과 근처 마을을 샅샅이 찾게 하였다. 일주일 가까이 아들을 찾기에 사방을 헤맨 귀자모는 거의 미칠 지경에 이르렀다. 남편인 베차성 성주가 아내의 실성한 모습을 보다 못해 이렇게 말했다.

"여보, 부처님이 성 가까이 머물러 계시다고 하니 부처님을 찾아가 물어보세요."

귀자모는 남편의 말을 듣고 허겁지겁 부처님이 계신 숲으로 달려갔다.

"거룩하신 부처님, 제 사랑하는 아들 빈가라를 좀 찾아주십시오. 저는 그 아이가 없으면 하루도 살 수가 없습니다."

"귀자모야, 그대는 마을 여인들의 아기를 잡아먹는다는 소문이 있던데 네 아이 하나를 잃은 것을 가지고 왜 그리 슬퍼하느냐?"

"예? 그걸 어떻게?"

"귀자모야? 그게 사실이었구나. 바꾸어 생각을 해보자. 네가 유괴한 아이들도 너처럼 자식을 사랑하는 부모의 아들과 딸이다. 자식을 잃은 부모의 마음은 모두 너처럼 애통한 것이니라. 너는 하늘도 바꾸지 못할 큰 죄를 지었다. 장차 네가 받을 업보를 어떻게 감당하려 하느냐?"

"부처님! 빈가라를 찾을 수 있다면 다시는 그런 어리석은 일은 하지 않겠사옵니다."

그제야 귀자모는 자기의 잘못을 깨닫고 엎드려 울며 용서를 빌었다.

"거룩하신 부처님, 제가 잠시 악마의 탈을 쓰고 살았나봅니다. 남의 아기도 내 아기처럼 귀엽고 사랑스럽다는 것을 왜 제가 알지 못했는지 제 어리석음이 부끄러울 따름입니다."

부처님은 빙긋이 웃으며 목련에게 빈가라를 데려오도록 하였다. 그리고 귀자모에게 3귀 5계를 가르쳐 독실한 신도로 만들었다.

그날부터 귀자모는 베차성 주민들의 아이들을 정성스럽게 보살피다가 세상을 떠났다. 부처님은 귀자모가 불법에 귀의하여 2년 가까이 바르게 살려고 했던 그의 마음을 헤아리고는 이렇게 성민들에게 말했다.

"귀자모는 그가 전에 지은 죄를 탕감받기 위해 산모의 고통과 괴로움을 돕는 산파가 되었다. 이제 태어나는 모든 아기들과 산모들은 낳는 괴로움과 고통, 질병과 죽음의 공포에서 저 귀자모의 도움을 받게 될 것이니라." 하셨다.

■ 유마거사와 여러 보살들

부처님이 베살리성 암라수원에서 8천여 명의 대중들에게 진리 말씀을 전하실 때였다. 하루는 베살리성의 보적이라는 장자의 아들이 친구 5백여 명을 데리고 찾아와 가르침을 청하였다.

"거룩하신 부처님, 우리 젊은 청년들이 가져야 할 이상과 꿈을 어떻게 바르고 이타심을 가지고 실천할지 말씀해 주십시오."

부처님은 그들이 쓰고 온 일산(햇빛을 가리는 양산)을 공양 받으시고 말씀하셨다.

"보살의 정토를 살펴라, 너희가 진리를 찾으려 했으니 그 뜻한 바를 얻으리라."

"세존이시여, 무엇이 보살의 정토입니까? 우리 친구들은 모두가 완

전한 깨달음인 '아뇩다라삼막삼보리'를 구하는 마음을 일으켜 부처님 세상의 맑고 깨끗한 말씀을 듣고자 하옵니다."

"보적아, 이곳이 바로 보살의 정토이니라. 왜냐하면 보살도 교화되는 중생의 많고 적음에 따라서 불국토의 크고 작음을 선택한다. 그래서 보리심이 보살의 땅이며, 보시, 지계, 인욕, 정진, 선정, 지혜, 네 가지의 한량없는 마음과 네 가지 거두어들이는 마음과 방편이 바로 보살의 정토이다."

그때 사리풋다가 '만일 청정한 것이 불국토라면 우리 부처님은 마음이 청정하지 못하여 이런 더러운 인간 세상에 태어난 것일까? 하는 의심을 가지고 바라보았다. 부처님은 사리풋다 장로가 이러한 의심을 일으키자 그를 향해 말씀하셨다.

"사리풋다야, 해와 달이 맑고 깨끗하지 못해서 장님이 보지 못하느냐?"

"세존이시여, 아닙니다. 해를 보지 못하는 것은 장님의 허물이지 해의 허물 아닙니다."

"그렇다. 이 세계가 맑고 깨끗하지 못하게 보이는 것은 바로 너의 허물이지 불국토의 허물은 아니다."

"예."

하루는 부처님이 제자들을 부르셨다.

"베라리성의 유마거사가 아프다고 하니 누가 문병하고 오너라."

"유마거사요?"

"그래, 그 사람은 일찍이 많은 선업을 지어 부처의 경지에 이른 재가 수행자이다. 출가한 승려가 아니면서 수행자의 계율을 지키며 집에 있으면서도 삼계에 집착하지 않고 가족을 거느리고 살면서도 욕심이 없이 부처의 가르침에 따라 생활하고 있는 사람이다."

유마거사는 베살리성 성주와 백성들로부터 부처님 다음으로 존경을 받고 있었다. 그는 곧잘 병을 핑계하고 누워 있다가 찾아온 국왕과 성주, 장자들과 관리들을 맞아 부처님의 가르침을 전하곤 하였다.

부처님은 그가 자신의 제자들에게 무엇인가 가르치려 한다는 것을 알고 제자들에게 그를 문병하고 오라고 한 것이었다. 그러나 그의 감화력이 놀라워 누구도 선뜻 유마거사에게 부처님을 대리하여 가고자 하는 수행자가 없었다. 부처님의 10대 제자는 물론 미륵보살이나 관음보살, 덕장보살에게 병문안을 다녀오라고 하였지만 모두 가기를 주저하는 것이었다. 그들은 한결같이 이렇게 말했다.

"세존이시여, 그 성자는 저희가 상대할 수 없습니다. 그는 불법을 스스로 깨우쳐 걸림이 없고, 지혜는 막힘이 없습니다."

그러자 부처님은 문수보살을 바라보며 말씀하셨다.

"문수야, 네가 우리 교단을 대표하여 다녀오너라."

"예. 세존이시여, 제가 유마힐 장자를 만나 그를 위로하고 오겠나이다."

그러자, 10대 제자들과 서른 한 명의 보살들이 문수보살의 뒤를 따라 정사를 나섰다.

이때 부처님의 제자들이 자신을 찾아오고 있다는 것을 안 유마힐은 집안 식구들에게 집 안팎의 청소를 당부하고 차를 준비시켰다. 그리고 일행이 도착하자 빈방에 누워 있다가 반갑게 맞이하였다.

"어서 오십시오. 문수보살님, 오는 모양이 있어 오고, 보는 모양이 없어 보고 계시군요."

"유마힐 거사님, 그렇습니다. 제가 왔다면 벌써 온 것이 아니요, 갔다면 간 것이 아닙니다. 그런데 거사님의 병은 어떤 형상입니까?"

"나의 병은 형상을 알 수 없는 병입니다. 중생이 병들어 있기 때문에 나도 깊은 병이 들었습니다. 그러나 중생이 병이 나으면 나도 나을 것입니다."

문수보살은 문득 유마힐 거사가 일행에게 법을 가르치려 한다는 것을 깨닫고 공손히 그에게 물었다.

"거사님, 그럼 거사님의 병을 고치려면 어떻게 해야 합니까?"

"문수보살님, 그 방편이라면 집착이 없는 보리심을 갖는 것입니다."

유마힐 거사는 단정히 앉아 부처님의 제자들에게 자신이 깨우친 열두 가지의 불교의 해탈 법문을 들려주었다. 그리고 여러 보살들에게 보살이 불이법문에게 들어가려면 어떻게 해야 할지를 물었다.

법자재보살이 그의 질문에 대해 유마거사에게 이렇게 대답하였다.

"유마힐 거사님, 본래 나고 없어지는 것은 상대되는 두 가지의 법입니다. 하지만, 법은 처음부터 생겨난 것이 아니기 때문에 다시없어지지 않습니다. 그리하여 무생법인(無生法忍)을 깨닫게 될 때 불이법문에 들어갈 수 있을 것입니다."

법자재보살이 자신의 생각을 말하고 물러서자 유마힐은 문수보살에게 다시 질문을 이어갔다.

"문수보살님, 그럼 보살이 불이법문(不二法門)에 드는 것이라고 생각합니까?"

"거사님, 제 생각은 이렇습니다. 일체의 법의 본질은 말이나 설명을 떠나 있고, 나타낸다든가 알려질 수 있는 그러한 개념의 대상이 될 수 있는 것이 아닙니다."

"……."

"거사님, 거사님의 생각은 무엇입니까?"

"……."

문수보살의 질문에 유마힐 거사는 빙그레 웃는 얼굴로 눈을 감았다.

"아, 그렇군요. 진실로 불이법문에 드는 것은 문자도 언어도 없군요."

문수보살은 유마힐 거사가 침묵으로 가르쳐 준 지혜를 찬탄하였다. 그리고 그 자리에 모여 있던 부처님의 제자들은 문득 유마힐 거사가 가르치려 했던 진리를 깨우치고 모두가 무생법인의 지혜를 얻을 수 있었다.

바로 이 내용이 재가 신도와 수행자들이 마음의 다짐을 일깨우는 법문인 '유마경(維摩經)'의 가르침이다.

9. 대열반

■ 아난다의 눈물

중인도의 가뭄이 계속되고 물 부족국가를 중심으로 지역 분쟁이 점차 확전일로로 치닫게 되자 전쟁의 참화를 피해 출가하려는 사람들은 날로 늘어만 갔다. 다른 교단에서 수행하던 사람들도 각국 왕들이 존경하는 부처님 문하로 들어가 가뭄을 이기고 생명을 부지하자는 청년들이 생겨났다. 그러자 이교도들은 어떻게든 불교 교단에 타격을 줄 궁리를 하였다.

부처님의 반대파였던 데바닷다가 죽은 후에는 교단의 2인자인 사리풋다존자와 목련이 있는 이상 불교의 세력 확장을 꺾지 못할 것이라고 생각하고 우선 목련존자만이라도 살해하기로 모의하였다.

이 무렵, 목련존자는 죽림정사에서 멀리 떨어진 산속에서 수행하고 있다가 나형외도라는 이교도들의 무리가 던진 돌팔매질에 절명한다. 제자들이 그의 스승을 발견하였을 때는 해어진 가사 한 벌과 온몸이 터져 피투성이가 된 채 돌무더기 속에 묻혀있는 망가진 시신이었다.

수천여 명의 제자들이 부처님을 찾아와 간청하였다.

"세존이시여, 저 이교도의 무리들에게 우리 교단의 이름으로 복수할 수 있도록 허락하여 주십시오."

"복수는 안 된다. 원한은 또 다른 원한을 부르게 된다. 분하고 원통스러운 일이지만 참고 기다려라. 목련의 순교는 우파리의 순교와 함께 우리 교단을 지키기 위한 거룩한 희생이 될 것이다."

부처님은 이렇게 말씀하시고 비구들을 다독거리시며 이교도들의 복수를 허용하지 않으셨다. 하지만, 목련존자를 스승처럼 따르던 마가다국의 야자세왕이 분노하여 그 이교도의 주모자들을 모두 체포하고 시민들이 모인 장소에서 공개로 화형에 처하였다.

이때 마가다국 야자세왕은 데바닷다의 간교한 꾀임에 넘어가 아버지 빔비사라왕을 교도소에 가두어 굶어죽게 하고, 그것을 제지하는 어머니마저 교도소에 가두었다. 그러나 목련존자의 설법을 듣고 자기의 잘못을 뉘우치고 부처님에게 귀의해 있었다.

부처님은 목련존자가 순교하자 마가다국을 떠나 갠지스 강 건너에 자리한 베샬리국으로 가셨다. 그곳에서 79회 생일을 맞고 여름 안거를 지내셨다. 부처님은 자신의 열반이 다가옴을 아시고 그가 그동안 제자들에게 설법을 하던 정사를 순례하시기로 하셨다.

여름 안거를 마치고 기원정사로 돌아왔다가 동원정사, 동림정사를 거쳐 다시 죽림정사로 가셨다. 교단을 맡길 장로 사리풋다존자를 만나기 위해서였다. 그러나 사리풋다존자는 자신의 열반이 부처님보다 먼저 맞게 될 것이란 사실을 깨닫고 부처님에게 간청하였다.

"세존이시여, 못난 제자를 용서하여 주십시오. 스승보다 먼저 세상을 떠나는 것은 예의가 아니오나 몸은 이미 쇠잔하여 이승에서 빌려 입은 옷을 벗을 때가 되었나봅니다."

사리풋다존자는 부처님과 법형제들에게 작별인사를 하고 시중을 들던 쿤더비구와 고향으로 돌아갔다. 그리고 100세가 넘으신 어머니가 지켜보는 앞에서 열반에 들었다.

사리풋다의 사리탑은 현재 첫 설법지인 녹야원 인근에 일부가 허물어진 채 방치되어 있는데 최근 인도 정부가 복원사업을 진행하고 있다.

부처님은 사리풋다와 목련존자가 열반하자 교단의 앞날을 크게 걱정하셨다.

"세상에는 두 가지의 재보(財寶)가 있다. 하나는 재물이며, 다른 하나는 법보이다. 나는 재물을 속세 사람들로부터 얻었지만, 법보는 사리풋다와 목련에게서 얻었었다. 지금 그 법보를 잃었으니 교단의 앞날이 걱정스럽구나."

부처님은 그가 살아있는 동안 많은 것을 가르쳐야 한다는 것을 알고 있었다. 기록에도 사리풋다와 목련존자의 열반 후에 부처님의 행적은 잠시도 한 곳에 머물러 있지 않았음을 알 수가 있다.

부처님은 파탈리푸트라성에서 설법하시고 월지국에 들어가 코올리 마을의 숲에서 7백여 명의 이교도들을 불교에 귀의시켰다. 그리고 베샬리성에서는 여인왕국의 5백여 궁녀들과 여왕 알파할리를 귀의시켰다.

석 달 후에는 베샬리성을 떠나 부처님은 죽방촌으로 들어가셨다. 그러나 그 지방은 한발이 심해 탁발이 곤란하였다. 그래서 1천 5백여 비구들을 흩어지게 하고 아난다와 16명의 제자만을 거느리고 쿠시나가라로 향했다.

어느 가을 날 아침, 부처님이 아난다를 가까이 부르셨다.
"아난아, 내가 앞으로 석 달 열흘 후면 열반에 들것이다. 이제 의심이 나는 것이 있으면 물어보아라."
"열반에 드신다고요?"
아난다와 이 말을 들은 제자들은 갑작스런 부처님의 말에 충격을 받고 모두 소리 없이 울었다. 부처님은 옆에 서 있는 제자들을 돌아보며 이렇게 말씀하셨다.
"비구들아, 만나는 사람은 반드시 헤어진다. 그러나 나의 가르침에는 이별의 고통이 없다. 나를 보는 이는 법을 볼 것이요, 법을 보는 사람은 나를 보아 이별이 없음을 알 것이다."
아난다가 느껴 울다가 부처님에게 물었다.
"세존이시여, 비구들이 수행 중에 대하기 어려운 것이 여자들입니다. 어떻게 해야 그들의 유혹을 물리칠 수가 있습니까?"
"아난아, 나이 많은 사람은 할머니나 어머니처럼 대하고, 나의 적은 소녀들은 내 친 누님이나 손아래 동생처럼 대하여라."
"부처님이 세상을 떠나시면 가르침을 책으로 엮어야 하는데 어찌해야 합니까?"
"아난아, 경전의 결집은 대중의 의견을 좇아라. 그리고 경전의 머리는 이렇게 하여라. '나는 이렇게 들었다(如是我聞). 언제, 어느 곳에서 누구누구와 함께 부처님의 가르침을 들었는데 그때의 감회가 어떠했다'

고 적어라."

아난다는 부처님이 자리에서 일어나 먼 산을 바라보는 것을 보고 갑자기 서글픈 생각이 들었다.

"세존이시여, 세존께서 이승에 살아계실 때는 모든 것을 세존께 여쭈어보고 결정을 하였는데 세존께서 안 계시면 우리 수행자들은 앞으로 누구를 의지하고 살아가야 합니까?"

"아난아, 울지 마라. 내가 열반에 들면 너희는 자신을 의지하고 자신을 등불로 삼아 공부하여라. 그리고 계율을 스승으로 알고 열심히 정진하여라."

부처님은 아난다의 질문에 이렇게 대답하시고 쿠시나가라 성으로 가셨다.

인도의 겨울은 빨리 찾아왔다. 산기슭에 단풍이 드는가 했더니 어느새 아침이면 서릿발이 돋아나고 강물이 하얗게 얼기 시작했다.

부처님은 제자들로부터 겨울옷을 공양 받고 반디가마를 비롯하여 서쪽의 성 서성(西城) 근처의 마을을 돌며 마지막 가르침을 베푸셨다.

■ 대장장이 춘다의 최후 공양

어느 날 부처님은 대장장이 춘다가 가꾸는 단향나무 숲에 머물게 되었다.

춘다는 갑작스런 부처님의 방문에 놀라 마차를 만들다 말고 급히 아내를 찾아가 말했다

"여보, 부처님이 우리 숲으로 오셨다고요. 그럼, 이러고 있을 때가 아니죠. 부처님과 수행자들을 위해 공양을 해야지요."

"예. 부처님을 따르는 수행자들이 건강이 많이 나빠 보여요. 기름진 음식을 대접해 드리고 싶어요."

"기름진 음식이라? 좋아요. 그렇게 합시다."

아내로부터 부처님 일행이 자기의 단향나무 숲에 오시어 대중설법을 하고 계시다는 것을 알게 된 춘다는 부처님께 공양하고 싶었다. 그래서 숲으로 부처님을 찾아가서 부처님께 인사를 하며 말했다.

"거룩하신 부처님, 대장장이 춘다가 부처님과 제자스님들께 공양을 올리고 싶사오니 허락하여 주옵소서."

"고맙구나 춘다야!"

춘다는 부처님의 승낙을 받고 정성을 다해 음식을 준비하였다.

염소젖과 버터를 녹여 차를 만들고 수수와 쌀을 버터에 끓인 다음 다시 버섯죽에 넣어 끓였다. 자신의 생일 때 친척들에게 대접하던 기름진 음식이었다.

부처님과 제자스님들이 계신 단향나무 숲에 식탁을 차려놓고 큰 솥에 따뜻하게 데워진 죽과 음식을 차렸다.

"거룩하신 부처님, 저의 정성을 받아주십시오. 진귀한 버섯으로 만든 요리입니다. 건강이 나쁘신 듯하여 만든 요리입니다."

"춘다야, 너의 정성이 갸륵하구나."

춘다는 그의 아내와 함께 부처님과 비구들의 발우에 음식을 나누어 담았다. 그런데 춘다에게는 정성이 담긴 향기로운 음식이었지만 부처님과 제자들에게는 갑자기 먹는 기름진 음식이라서 선뜻 먹을 수가 없었다.

아난다가 곁에서 부처님께 말씀드렸다.

"부처님, 너무 기름진 음식이라 혹여 배탈이 날까 염려되옵니다. 맛이 향기롭지만 기름져서 몸에 해롭습니다. 춘다의 정성은 고맙지만 그냥 돌려보내십시오."

춘다는 이 모습을 보고 가까이 다가와 머리를 조아렸다.

"아난다존자님 왜 음식이 이상한가요? 저희 가족들은 명절 때나 만들어 먹는 귀한 음식이랍니다."

"춘다여, 아닙니다. 수행자들이 거친 음식만을 먹다가 갑자기 이런 기름진 음식을 먹으면 병이 날까 해서입니다."

아난다의 이 말에 발우에 음식을 받았던 다른 비구들도 대부분 발우를 그대로 땅에 내려놓았다. 그래서 3백여 명이 먹을 수 있도록 지은 춘다의 공양음식은 그대로 남게 되었다. 단 한사람 부처님만 맛있게 그 공양음식을 드셨다.

"춘다의 정성을 어찌 저버릴 수가 있느냐. 너희도 함께 들자."

"세존이시여, 저희들은 이 음식을 먹고 병을 얻기 보다는 한 끼 굶는 것이 좋을 듯합니다."

제자들이 걱정스러워 부처님께 여쭈었다.

"세존이시여 괜찮겠습니까?"

"모처럼 맛난 죽이었다."

그러나 제자들이 염려했던 대로 부처님은 그 음식을 드시고 나서 배앓이를 하시게 되었다. 부처님을 가까이 모시던 제자들이 화를 내며 말했다.

"이것은 저 춘다 녀석이 부처님을 독살하려고 처음부터 계획했던 일이야."

"맞아, 대장장이 춘다는 우리에게 공양할 만한 자격도 없는 인간이었어."

제자들은 부처님의 병세가 갈수록 악화되자 춘다를 잡아 부처님을 독살하려고 했던 죄를 따져보자고 수군대기 시작했다. 이 말을 전해 들은 춘다는 낙심하여 부처님을 찾아와 용서를 빌었다.

"거룩하신 세존이시여 저의 잘못을 용서하여 주십시오."

"춘다야, 이리 가까이 오너라. 너의 공양은 오래 기억될 의미 있는 것이었다. 너의 음식은 정말 맛이 있었고, 기름진 것이었다. 그리고 부처를 위한 마지막 훌륭한 공양이었다."

"거룩하신 부처님, 제가 죽을죄를 지었사옵니다."

"춘다야, 선행을 닦아 큰 깨달음을 얻어라."

부처님은 몸을 일으켜 춘다의 단향나무 숲이 있는 파파촌을 떠나 쿠시나가라의 보리수 숲을 향해 길을 떠나셨다.

■ 최후의 법문 열반경

제자들의 부축을 받으며 말나유족이 사는 사라나무숲으로 가는 여정은 부처님에게는 상당한 고통이 수반되는 여정이었다. 파파촌을 떠난 지 열흘 가까이 되었지만 부처님은 아직도 공양을 전혀 하시지 못했다.

'부처님이 이대로 열반에 드시는 것은 아닐까?'

아난다는 음식공양을 전혀 못하시는 부처님이 걱정되어 여러 나라에 파송되어 있던 교단의 간부들에게 부처님의 변고 사실을 알리게 하였다. 매서운 겨울바람이 숲속을 더욱 을씨년스럽게 만드는 1월 하순이었다.

"아난다야, 말나유족이 사는 사라숲이 수행자들이 겨울을 나기에는 평안한 곳이다. 그리 가자."

"세존이시여, 날씨가 매우 춥습니다. 기력을 회복하시어 길을 떠나심이 좋을 듯합니다."

"아니다. 그동안 나의 설법지를 대부분 돌아보았다. 마지막으로 베살리와 파파성을 보았고 이제 나의 열반지로 가려고 한다."

그 말씀에 아난다는 눈물을 흘리며 제자들과 이라바티슈강을 떠나 말나유족이 사는 사라나무숲으로 자리를 옮겼다. 그날이 2월 5일이었다.

부처님은 자신의 열반이 다가오는 것을 알고 제자 아난다를 가까이 불렀다.

"아난다야, 이 여래를 위하여 뿌리 하나에 나무가 쌍으로 난 저 사라쌍수 사이에 자리를 마련하여라."

"세존이시여. 예, 그리하겠습니다."

"저 나무 사이에 머리를 북쪽으로 하여 누울 자리를 펴라. 그래야 나의 가르침이 북쪽에서 크게 떨칠 것이니라."

제자들은 사라쌍수 사이에 자리를 마련하고 자신들의 가사겉옷을 벗어 깔고 부처님을 부축하여 그곳에 눕게 하였다. 부처님은 근심스러운 얼굴로 자신을 바라보는 제자들을 보시다가 오른쪽 옆구리를 땅으로 향하게 하여 다리를 겹치고 살며시 오른쪽 팔을 베고 누우셨다.

"비구들아, 모두 마음을 편안히 가져라. 여래가 떠났다고 아주 떠나는 것이 아니요. 법신은 항상 너희 곁에 머물러 있을 것이니라."

"세존이시여, 스승이시여!"

숲속 여기저기서 울음소리가 터져 나왔다.

"아난다는 어디 있느냐?"

비구 한사람이 부처님께 여쭈었다.

"세존이시여, 아난다는 숲 저편에서 자신은 아직 배워야 할 것이 많고, 해야 할 일이 많은데 스승이 열반에 드시려 한다면서 울고 있사옵니다."

"아난다를 불러오너라!"

"예."

부처님은 그 비구에게 아난다를 불러오게 하고 교단을 위한 최후의 말씀을 들려주셨다.

"아난다야 슬퍼마라. 태어난 것, 존재하는 모든 것, 파기될 성질의 것이나 그것이 파멸하지 않기를 바라는 것이 어떻게 가능하겠느냐? 이제 너희들은 내가 열반에 든 뒤 '우리 스승의 가르침은 끝났다. 우리들의 교주는 이제 없다.'고 생각을 해서는 안 된다. 내가 말하고 가르친 법과 율은 내가 열반에 든 뒤에도 너희들의 스승이다. 그리고 비구들이 서로 '친구여' 하고 부르듯이 내가 열반에 든 뒤에도 그렇게 불러서는 안 된다. 연로한 비구에게는 '존자(尊者)'나 '장로(長老)'라고 불러 교단의 질서를 지켜라."

부처님은 울먹이는 아난다에게 왼손을 들어 어깨에 얹으며 다시 말씀하셨다.

"비구들아, 너희에게 이르노니 모든 것은 부서지고 끝내는 없어진다. 방심하지 말고 노력하여 깨달음을 성취하여라."

부처님은 그 말씀을 하시고 한동안 대열반을 위한 명상에 잠기셨다. 바로 이때 멀리 계곡의 아래쪽에서 소리를 지르며 달려오는 험상궂게 생긴 노인이 있었다.

"부처님, 석가모니 부처님! 저 수바트라입니다."

그는 성미가 사납기로 유명한 수바트라라는 수행자였다. 부처님의 제자들이 앞을 막아서자 부처님의 이름을 부르며 울부짖으며 소리쳤다.

최후제자 수바트라상

9. 대열반 227

"부처님, 석가모니 부처님, 부디 저를 만나주십시오. 이 수바트라의 마지막 소원을 들어주십시오. 저는 부처님과 싸우기 위해서 찾아온 것이 아닙니다."

부처님은 명상에서 깨어나 바로 앉으며 비구들에게 물었다.

"수바트라라면 107살이나 되었다는 괴짜 수행자 말이냐?"

부처님은 곧잘 비구들을 놀려주고 성자 행세를 하던 수바트라의 이야기를 알고 있던 터라 '괴짜 수행자'라고 지칭한 것이었다.

"그를 내 앞으로 인도하여라."

"예."

"수바트라여, 그대가 나를 찾아오다니 내게 뭐 물어볼 것이라도 있느냐?"

"부처님이시여, 간절히 청하옵니다. 이 세상에서 바른 법이 무엇이 옵니까?"

석가모니 부처님 가까이 인도된 수바트라는 죽음의 그늘이 얼굴 깊숙이 스며 있었다. 그는 몹시 고통스러운 표정으로 부처님 앞에 꿇어 앉으며 하소연하였다.

"세존이시여, 이 세상에는 많은 종교가 있습니다. 어느 것이 바른 종교인지 모르겠습니다. 무엇이 바른 가르침인지 들려주십시오."

부처님은 죽음을 목전에 두고도 바른 진리를 찾으려는 수바트라의 노력을 칭찬한 뒤 이렇게 법문을 여시었다.

"수바트라야, 어떠한 법이라도 여덟 가지 바른 길을 갖추지 못하면 그것은 법이 아니고 바른 길이 아니다. 내가 사성제 팔정도(八正道)에 대해 알려줄 테니 바로 익혀 실천에 옮겨라."

부처님의 말씀이 끝나자, 그는 눈물을 흘리며 고개를 숙였다.

"거룩하신 부처님, 저는 1백세가 넘도록 허송세월로 수행비구들을 조롱하며 나의 행실을 바로 갖지 못하면서 남을 헐뜯고 힘들게 하였습니다. 이제까지 알지도 못했던 생사윤회의 법식도 이제야 알게 되었습니다. 이 늙은이를 제자로 맞아 주시옵소서."

"수바트라야, 그대는 나의 법을 듣고 깨쳐 그대의 참길을 찾았으니 진정한 나의 제자이니라."

부처님은 그 자리에서 수바트라에게 계를 주고 그의 생애에 마지막 제자로 맞이하셨다.

"세존이시여, 현자(賢者)들이 이르기를 '아침에 깨달음을 얻으면 저녁에 죽어도 좋다.' 고 하였습니다. 저는 107살이 되도록 많은 종교에 귀의하여 바른 길을 찾아다녔으나 허깨비만 쫓아다닌 듯합니다. 이제 바른 법을 알고 행복한 저 피안의 언덕을 넘어가려고 합니다."

수바트라는 이런 말을 마치고는 부처님 앞에서 앉은 채로 조용히 열반에 들었다.

부처님은 수바트라의 열반을 크게 칭찬하셨다.

"비구들아, 모든 사람들은 병고에 시달리고 늙음에 시달리며 죽기를 싫어한다. 그런데 나의 제자 수바트라는 그 죽음의 공포를 잊고 이제 성자가 되었다."

부처님은 다시 자리에 누우셨다. 그때 부처님의 변고를 전해들은 라홀라가 도착했다. 그는 부처님의 열반을 피해 다른 곳에 있다가 마지막으로 아버지의 모습을 보기위해 밤길을 달려온 것이었다.

"아버님, 저 라홀라입니다."

"라훌라야, 내가 열반에 든다고 슬퍼하지 말라. 일체의 모든 법은 덧이 없다. 이 덧이 없음을 따라 해탈을 구하는 것이 나의 가르침이다. 내가 세상에 없다고 안타까워하지 말라. 나의 법신은 사라지지 않고 존재하리라. 또한, 나도 이롭고 남도 이롭게 하는 가르침이 모두 갖추어져 있으니 이익을 받고 받지 못하는 것은 수행하는 너와 수행자들의 몫이니라."

부처님의 법신을 가운데 하고 제자들이 둥근 원을 그리고 앉고 서서 부처님의 마지막 유훈을 듣고 있었다.

"나는 사람들과 하늘나라에 가르칠 만한 것은 모두 가르쳤다. 아직 구원받지 못한 사람들을 위해서 가르침을 받을 수 있는 인연도 맺어 놓았다. 이제부터 이 가르침을 전해서 어리석은 중생들을 구원하라."

부처님은 이 말씀을 마치고 조용히 열반에 드셨다.

아난다를 비롯하여 사라나무 아래 모여 있던 비구들과 연락을 받고

쌍림열반상

찾아온 장자들과 시민들은 땅을 치며 울었다. 경전에는 '천지가 진동하고 숲의 짐승들도 울부짖었으며 때가 아닌데도 사라쌍수의 꽃이 피어 사방으로 흩어지며 법구를 장엄하였다.' 고 하였다.

그리고 범천(梵天)의 시라고 전해지는 '열반의 노래' 가 전해지고 있다.

> 이 세상에서 생명이 있는 모든 것들은 마침내 몸을 버리게 되리라.
> 마치 세상에서 비할 바가 없는 사람
> 이와 같은 스승,
> 힘을 갖춘 수행자
> 정각을 얻으신 그분이 사라지듯이.

카필라 왕국의 왕자로 태어나서 보장된 부귀영화도 마다하고 끝에 집을 떠나 정각을 이루어 부처님이 되신 석가모니 부처님. 그 분은 어리석고 불쌍한 많은 중생들을 구원하시고 진리의 등불을 켜 놓으신 채 세상을 떠나신 것이었다.

이 날이 음력으로 2월 보름. 석가모니 부처님의 속가 나이 80세가 되던 해였다.

■ 대열반 그리고 사리전쟁

석가모니 부처님이 열반에 드신 날, 교단의 대표인 아나율과 아난다존자는 밤을 새워 부처님이 수행자들에게 당부하신 유훈에 관하여 설법을 하였다. 먼동이 터 오자, 아난다는 부처님의 열반 소식을 쿠시나가라 시민들에게 종과 북을 울려 알렸다.

시민들은 슬픔 속에서 경건하게 부처님의 장례를 준비하였다.

그들은 향과 꽃다발과 온갖 악기를 준비하고 오백 겹의 색동 천(綿)을 가지고 사라나무 둘레에 장막을 세우고, 6일 동안 법신을 향해 꽃과 향으로 공양하였다.

부처님의 법신을 모신 관은 7일 만에 제자들이 만든 연꽃 수레에 실려 쿠시나가라 성내에 들어갔다가 동쪽 문으로 나와서 그곳에 있는 절 천관사에 모셔졌다.

이때 교단의 장로인 가섭존자가 부처님의 열반 소식을 듣고 열반지로 달려오고 있었다. 그는 도중에 어떤 시민이 만다라 꽃을 들고 걸어오는 것을 보고 부처님 소식을 물었다.

"부처님 소식을 아시나요?"

"석가모니 부처님요? 이미 일주일 전에 세상을 떠나셨습니다."

"일주일이라고요?"

가섭은 울며 천관사로 들어갔다. 그리고 큰소리로 외쳤다.

"세존이시여, 세존이시여, 제자 가섭이 왔습니다!"

가섭의 목소리에 반응하신 걸까 법신을 담은 관에서 부처님의 두 발이 쑥 불거져 나왔다. 불교에서는 그것이 부처님이 마지막으로 교단의 대표인 가섭존자에게 전한 비밀한 말씀이라고 적고 있다.

가섭존자는 예의를 갖춰 경을 읽고 부처님의 장례를 모셨다. 불교에서는 장례식을 '자연에서 태어난 몸을 다시 깨끗이 돌려준다'는 생각에서 시신을 불에 태워 없앤다. 이 의식이 바로 '다비식'이다.

부처님의 법구에 대한 다비가 끝나자, 타고 난 재속에서는 영롱한 빛깔의 사리(舍利)들이 수없이 나왔다. 이때 다비식에 참석했던 각국의

진신사리-치아사리

왕들이 그 사리를 보고 놀라 사리를 서로 차지하기 위해 싸움을 했다.

마가다국의 야자세왕은 미리 말라유족의 족장에게 신하를 보내며 말했다.

"세존도 왕족이요, 나도 왕족이다. 나는 세존의 사리를 받아 마땅하다. 세존의 사리를 받아 사리탑을 짓고 제사를 지내야 하겠다."

카필라성의 석가족은 '세존은 우리들 종족 가운데 가장 뛰어난 친족이다. 우리들도 세존의 사리를 받아 사리탑을 지어야 하겠다.'

일곱 나라의 왕과 신하들이 제 각기 사리를 가지고 돌아가려 하였다. 그때 '도로나'라는 선인이 나서서 그 일곱 나라의 왕과 신하들에게 말했다.

"부처님을 존경하는 제자들이여, 그리고 왕들이시여. 부처님께서는 늘 화합이 중요하다고 강조하셨습니다. 부처님의 진신사리는 서로 공평하게 나눠 지니는 게 좋지 않겠습니까?"

라마바르총전경-다비장터

라마바르탑

"좋습니다. 그렇게 합시다."

왕들은 부처님의 사리를 똑같이 나누어 가지고 돌아갔다. 말나유족까지 여덟 나라의 왕들이 그 진신사리를 받아가지고 돌아가 탑을 짓고 사리를 모셨다. 그리고 다비식에 늦게 도착한 두 나라의 왕은 교단의 대표인 마하가섭에게 사리를 담았던 항아리와 다비식 식장에 흩어진 재를 모아 가지고 돌아갔다.

그 두 나라의 왕도 귀국하여 각각 탑을 세우고 그 항아리와 재를 모셨다. 그래서 사리탑 8개와 항아리를 모신 병탑 1개, 재를 모신 재탑 1개 등 모두 10개의 탑이 세워지게 되었다. 그러나 세월이 흐르는 동안 부처님의 사리를 자기 나라에 모시기 위해 자주 전쟁이 벌어지고 또 이교도들과의 전쟁 때문에 많은 탑이 파손되기에 이르렀다.

건봉사진신사리

결국 부처님의 사리는 많은 나라에 보내지게 되었고, 우리나라에는 경남 양산 통도사와 강원도 건봉사, 사자산 법흥사 등지에 부처님의 진신사리를 모시게 되었다. 그리고 최근에는 티베트의 라마교황과 스리랑카의 종교성으로부터 기증받은 부처님의 치아사리를 비롯하여 모두 12과의 부처님 진신 사리를 모시고 있다.

현재 부처님이 열반하신 쿠시나가라 열반당에서 동쪽으로 1km 지점 옛날 천관사가 있던 자리에는 라마바르탑이 허물어진 채 방치되어 있고, 다비터인 라마바르총은 아직도 그날의 성스러운 의식을 느낄 만치 다비한 곳은 검푸른 색으로 변해있어 순례자들의 옷깃을 여미게 하고 있다.

쿠시나가라 나무 있던 곳

불교의 경전은 부처님이 쿠시나가라 사라나무 밑에서 열반하신지 90일 만인 그 해 6월 17일 교단의 대표 5백여 명이 죽림정사 서남쪽에 있는 칠엽굴에 모여 제1차 결집을 시작하여 현재에 이르는 팔만대장경의 가르침이 엮어지게 되었다.

현재 우리나라에는 장자종단으로 부르는 대한불교조계종을 비롯하여 천태종, 태고종, 보문종, 불입종, 관음종과 밀교 종단인 대한불교진각종과 총화종, 총지종 등 380여 개의 크고 작은 종단이 720여만 명의 불교도들의 신앙이 구심점이 되어 활동하고 있다.

부처님의 일생 연대표

기원전 624년(01세)   중인도 카필라성 정반왕(숫도다나왕)의 아들로 탄생.

기원전 617년(07세)   스승 비사바 밀라다로부터 왕실 학당에서 언어학을 공부함.

기원전 616년(08세)   이 해부터 4년간 제왕학과 수학, 역학을 찬제제바 스승에게 배움.

기원전 612년(12세)   농경제에 나가 약육강식에 대한 회의. 헐벗은 농부와 힘들게 일하며 매를 맞는 소에 대한 고민.

기원전 604년(19세)   코올리성 선각장자의 딸 야쇼다라와 결혼, 이전에 고다비와 결혼.

기원전 603년(20세)   사문유관 후 출가를 결심.

기원전 595년(29세)   야쇼다라 아들 라훌라 출산 출가.

기원전 589년(35세)   6년 고행 끝에 성도, 녹야원에서 5비구와 야사와 친구 55명 제도.

기원전 588년(36세)   카샤파3형제 제도, 가야산에서 법화경 강설. 마가다국 빔비사라왕으로부터 죽림정사 기증 받음.

기원전 587년(37세)   왕사성에서 하안거. 대가섭이 출가.

기원전 586년(38세)	영축산에서 하안거. 사위성으로 전법여행. 수닷타장자 기원정사 착공.
기원전 585년(39세)	영축산에서 하안거. 사리풋다와 목련 제도함.
기원전 584년(40세)	베살리성의 가뭄퇴치 죽림정사 완공.
기원전 583년(41세)	기원정사에서 강설. 카필라 사신 우다인의 요청으로 고국방문. 라훌라 출가(12세) 코올리족과 석가족의 로히니 강물 싸움 중재.
기원전 582년(42세)	말라족 아뉴피아마을에 머뭄. 석가족 왕자들 출가, 아나룻다, 아난다, 데바닷다, 난디카 등.
기원전 581년(43세)	정반왕 97세로 사망. 사슴동산에서 이모와 카필라성 궁녀 등 출가.
기원전 580년(44세)	베살리성 대림정사에서 강설. 교단의 분열위기에서 기원정사로 감.
기원전 579년(45세)	마가다국으로 전법여행.
기원전 577년(47세)	마가다국에서 하안거. 사위성으로 가서 라훌라를 위해 설법.
기원전 575년(49세)	기원정사에서 하안거. 라훌라 구족계 수지.
기원전 574년(50세)	카피라국 사슴동산에서 마하나마 국왕을 위해 설법.
기원전 572년(52세)	왕사성에서 하안거.
기원전 570년(54세)	사위성 석이산에서 하안거.

기원전 568년(56세)	사위성 석이산에서 하안거. 살인마 앙굴라말라 제도.
기원전 567년(57세)	빔비사라왕의 태자 야자세 출생. 빔비사라왕은 프라세나짓왕의 누이에게서 아바야바 태자 낳음.
기원전 562년(62세)	이 해부터 매년 부처님은 78세나던 해까지 사위성에서 지냄.
기원전 551년(73세)	야자세태자가 부왕 빔비사라왕을 죽이고 왕위 찬탈함. 위제니 왕비 자결.
기원전 548년(76세)	코살라국 태자가 부왕 프라세나짓 왕을 몰아내고 왕위 계승함.
기원전 545년(79세)	왕사성 영축산으로 유행함. 사리불과 목련 열반. 이모인 마하파자파티 동원정사에서 열반.
기원전 544년(80세)	베살리성에서 하안거. 쿠시나라가에서 열반. 최후의 법문 열반경 강설. 왕사성 칠엽굴에서 1차 부처의 어록 결집 시작.

한국 불교사 연대표

1. 삼국시대

372 고구려 소수림왕 2년 전진왕이 순도를 통해 불경, 불상 전함.
384 백제 침류왕 1년 동진에서 마라난타가 불교를 전함.
391 고구려 광개토왕 1년 왕이 백성에게 불교를 숭봉하라 하고.
392 고구려 광개토왕 2년 평양에 절 19개를 신축.
392 백제 아신왕 1년 왕이 백성에게 불교를 숭봉하라 하고.
417~458 신라 눌지왕 고구려 승 묵호자가 불교를 전함.
452 가야 질지왕 2년 수로왕의 왕후 허왕후 명복을 빌고자 왕후사를 세움.
479~500 신라 소지왕, 고구려 승려 아도가 불교를 전함.
512 고구려 문자왕 21년 고구려 승랑, 양무제가 보낸 고승 10명에게 삼론학을 가르침.
526 백제 성왕 4년 겸익, 인도에서 율장을 가지고 귀국.
527 신라 법흥왕 14년 이차돈의 순교를 계기로 불교 공인.
549 신라 진흥왕 10년 신라 최초 유학승 각덕, 양나라에서 귀국.
551 신라 진흥왕 12년 고구려에서 망명해 온 혜량 국통이 됨.
552 백제 성왕 30년 일본에 금동불, 불경, 미륵석불을 보내 불교를 전함.

565 신라 진흥왕 26년 유학승 명관, 진나라에서 불경 가지고 귀국.

576 고구려 평원왕 18년 의연, 북제에 건너가 불교역사 질의.

577 백제 위덕왕 24년 검단, 선운사를 세움.

577 백제 위덕왕 24년 일본에 경론과 율사, 기술자 등을 보내 일본불교 지원.

576~59 신라 진지왕 진자, 백제에서 미륵화신 미력랑을 맞이함.

595 고구려 영양왕 6 고구려 혜자와 백제 혜총, 일본 쇼오토쿠(백제 위덕왕 42) 태자의 스승이 됨.

601 백제 무왕 2 미륵사 세움.

608 신라 진평왕 30 원광법사, 수나라를 찾아가 고구려를 공격하여 달라는 걸사표를 씀. (612년, 수나라 113만대군 고구려 침략)

610 고구려 영양왕 21 담징, 일본에 불교, 유학, 그림, 제지법 등을 가르치고 법흥사 금당벽화 그림.

612 고구려 영양왕 23 살수대첩에 일곱 승려 공헌.

613 신라 진평왕 35 수나라 사신을 위해 황룡사에서 원광법사를 종사로 하여 백고좌회 개최.

643 신라 선덕여왕 12 자장, 왕의 요청에 따라 당에서 귀국.

643 고구려 보장왕 2 당에 사신을 보내 도사, 도덕경 들여와 도교 장려

645 신라 선덕여왕 14 황룡사 9층탑 세움.

650 고구려 보장왕 9 보덕, 백제에 망명.

660 백제멸망 후 도침, 복신과 함께 주류성에서 일어나 백제 국권회복 투쟁을 벌임.

671 신라 문무왕 10 의상, 당나라에서 귀국하여 당군침략 정보를 알림.

명랑, 당군 침략 물리치는 밀교의식.

676 신라 문무왕 15 의상, 부석사 세움. 왕의 논, 밭, 노비 기부를 거절.

2. 남북국시대

697 발해 고왕 1 당나라와 불교 외교.

713 발해 고왕 16 발해 사신, 당나라 사찰 참배 허용 요구.

740 신라 효성왕 4 심상, 일본에 화엄종을 일으킴.

751 신라 경덕왕 10 재상 김대성, 불국사와 석굴암을 세움.

753 신라 경덕왕 12 대현, 대궐에서 금강명경 강의.

754 신라 경덕왕 13 법해, 황룡사에서 왕을 위해 화엄경을 강의.

763 신라 경덕왕 22 신충, 왕을 위해 단속사 세우고 왕의 복을 기원함.

764 신라 경덕왕 23 진표, 금산사에서 미륵불 조성.

821 신라 헌덕왕 13 도의, 당에서 돌아와 선을 전함.

826 신라 흥덕왕 1 홍척, 당에서 돌아와 실상산파 개창.

845 신라 문성왕 7 무염, 당에서 돌아와 성주산파 개창.

847 신라 문성왕 9 범일, 당에서 돌아와 사굴산파 개창.

864 신라 경문왕 4 도선, 옥룡사 세움.

873 신라 경문왕 13 순지, 당에서 돌아와 오관산파 개창.

875 신라 헌강왕 1 도선, 송악지방 호족 왕륭과 친교.

891 신라 진성여왕 5 궁예, 견훤의 농민 봉기군에 참가.

894 신라 진성여왕 8 최치원, 해인사에 은둔.

895 신라 진성여왕 9 궁예, 새 나라를 세움.

898 신라 효공왕 2 궁예, 팔관회 개시.

900 신라 효공왕 4 견훤, 후백제를 세움.

922 신라 경명왕 6 진훤, 미륵사탑 복구, 선운사에서 승려 지도자 선출.

3. 고려시대

918 태조 1 왕건 즉위, 팔관회 개시.

921 태조 4 이엄을 왕사로 책봉.

927 태조 10 발해 승려 재웅 등 고려에 망명.

936 태조 19 후삼국 통합, 개태사 세움.

958 광종 9 승과고시 개시.

961 광종 12 체관을 중국에 보내 천태종 서적 전함.

964 광종 15 균여를 귀법사 주지에 임명.

982 성종 1 최승로, 시무책에서 부패 불교 비판.

987 성종 6 팔관회 폐지.

1010 현종 1 팔관회 재개.

1011 현종 2 거란 침략 물리치기를 기원하여 대장경 간행.

1067 문종 21 흥왕사 세움.

1070 문종 24 의천, 15세에 승통에 임명됨.

1085 선종 2 의천, 송나라에 몰래 건너가 다음해 귀국.

1086 선종 3 의천, 교장도감을 두어 속장경을 조판.

1090 선종 7 의천, 최초의 불교도서목록 '신편제종교장총록'을 작성.

1096 숙종 1 천태종을 열고 국청사를 세움.

1101 숙종 6 참사상 퍼뜨린 광기와 각진을 처벌.

1107 예종 2 여진 정벌, 옛땅 회복 투쟁에 승군 참전.

1107 예종 2 함경도 정복지에 호국 인왕사, 진동 보제사 세움.

1129 인종 7 묘청 등, 칭제건원, 금나라 정벌 건의.

1131 인종 9 묘청, 서경 대화궁에 팔성당 지음.

1135 인종 13 묘청, 서경에서 혁명. 새나라 이름을 '대위'라고 함.

1170 의종 25 보현원에서 무신정변 폭발.

1174 명종 4 귀법사 승려 봉기, 개경 승려 반란, 왕정복고 투쟁.

1176 명종 6 공주 명학소 민중봉기, 사찰습격.

1177 명종 7 서경 민중봉기, 담화사 근거로 투쟁, 승려들을 봉기군으로 징발함.

1181 명종 11 농민봉기군, 왕실 원찰 봉은사 습격.

1190 명종 20 지눌, 정혜결사 조직.

1202 신종 5 대구 동화사, 부인사 승려들, 농민봉기에 참가.

1217 고종 4 최충헌 타도를 위한 승군 반란.

1231 고종 18 충주 노비 해방 투쟁 지도자 우본이 몽고 침략군에 항쟁하여 물리침.

1232 고종 19 요세, 백련결사 조직.

1232 고종 19 우본이 이끄는 노비, 승군 2차 노비 해방 투쟁.

1232 고종 19 개경 노비, 승려 봉기.

1232 고종 19 김윤후, 처인성에서 몽고 원수 살리타이 사살.

1236 고종 23 강화도에서 대장경 새김. (1251년 완성)

1253 고종 40 김윤후, 노비군 이끌고 충주성 사수.

1275 충렬왕 1 일연, 인각사에서 삼국유사 저술.

1328 충숙왕 15 무기, 석가여래행적송 지음.

1348 충목왕 4 원 왕실의 장수, 행복을 빌기 위해 경천사 대리석 탑 세움.

1356 공민왕 5 보우, 왕사가 되어 승직 임명 관장.

1365 공민왕 14 신돈, 국정의 전권을 맡아 개혁정치.

1366 공민왕 15 신돈, 전민변정도감 설치, 권문세족이 강탈한 토지 환수, 노비해방.

1371 공민왕 20 신돈 처형 후 보우를 국사로, 혜근을 왕사로 책봉.

1388 우왕 14 신조, 이성계의 참모로써 위화도 회군에 주요 역할.

1388 창왕 1 이성계 심복 조인옥, 불교배척 상소.

1391 공양왕 3 박초, 김초 등 불교배척 상소 잇따름.

4. 조선왕조시대

1392 태조 1 도첩제 강화로 승려 출가 억제. 무학을 왕사로 임명.

1402 태종 2 사찰 토지 몰수 시작.

1406 태종 6 사찰 수 제한 조치.

1406 태종 6 성민 등 탄압조치 시정 호소.

1406 태종 6 해선, 지붕개량사업 자청.

1424 세종 6 불교종파 통폐합 조치.

1427 세종 9 천우 등 온천치료 기금 설치 청원.

1433 세종 14 태평관 짓는 일에 승려 동원.

1461 세조 6 간경도감을 두어 주요 경전 번역, 간행.

1464 세조 9 왕실 원찰 원각사 세움.

1471 성종 2 염불소 금지.

1492 성종 23 도첩제 폐지, 무단출가 승려 환속조치.

1503 연산군 10 승과 폐지.

1516 중종 11 사찰 토지, 노비 몰수.

1535 중종 30 태안반도 운하 공사에 승려 동원.

1550 명종 5 보우 등용, 불교 부흥.

1552 명종 7 도첩제, 승과 부활.

1559~명종 14~17 임꺽정의 봉기. 1562

1565 명종 20 보우, 제주도에 유배되어 살해됨.

1566 명종 21 도첩제, 승과 폐지. 승려 출가 금지.

1589 선조 22 정여립의 혁명 모의에 구월산, 지리산, 송광사 불교 세력 참가.

1592 선조 25 일본의 침략에 맞서 의승군이 일어남. 공주 의승군의 청주성 탈환, 휴정의 전국 승군 조직.

1593 선조 26 의승군, 평양성 탈환, 행주산성 전투에 참가.

1593 선조 26 윤눌 등 의승군, 이순신의 수군에 참여

1597 선조 30 의승군, 울산, 석주관 전투 참가.

1598 선조 31 의승군과 수군 협동작전으로 노량대첩.

1598 선조 31 이몽학의 민중봉기에 승려들 참가.

1604 선조 37 유정, 일본에 가서 강화회담, 포로 송환.

1623 인조 1 승려 도성 출입 금지.

1624 인조 2 평양성 재건에 승려들 동원.

1627 인조 5 후금이 침략하자 명조, 의승군 일으킴.

1636 인조 14 청이 침략하자 각성, 의승군 일으킴.

1669 현종 10 대흥사에 휴정의 사당 표충사 세움.

1688 숙종 14 여환의 미륵혁명 운동.

1687~1697 숙종 13~23 장길산 유격대의 투쟁.

1696 숙종 22 뇌현 등, 안용복과 함께 일본에 건너가 울릉도 영토권 확인 소송.

1697 숙종 23 장길산과 연대한 민중불교 혁명운동 발각.

1728 영조 4 이인좌의 반란에 지리산 승려들 참가.

1758 영조 34 황해도 농민들의 존경을 받던 '생불' 여인 처형 당함.

1763 영조 39 황해도 미륵신앙자 처형.

1785 정조 9 함경도 거사 집단과 미륵교도의 봉기모의.

1785 정조 9 용파, 관리들의 사찰 수탈 시정 호소.

1826 정조 26 백파, 선문수경 지음. 초의, 김정희와 논쟁.

1851 철종 2 성월, 구월산 봉기에 참가.

1867 고종 4 순성, 명화적을 조직하여 서울, 경기의 양반 부호, 관가 습격.

1870 고종 7 이필제, 지리산 대원암을 근거로 혁명운동.

1892 고종 26 선운사 마애미륵불 비결사건.

1892 고종 26 승려출신 서장옥, 동학 삼례집회 주도.

1893 고종 27 서장옥, 서울에서 대자보 등으로 반외세운동 주도.

1893 고종 27 동학 보은집회 당시 남접진영에 호남 승려들 참가.

1894 고종 28 갑오농민전쟁에 민중불교세력 참가.

1895 고종 32 일련종 승려과 옴. 승려의 도성 출입금지 해제를 청함.

1897 고종 34 승려 도성 출입 금지령을 해제함.

1899 고종 36 해인사 대장경을 인각하여 각 사찰에 분배함. 동대문 밖 원흥사를 세움.

1902 고종 39 원흥사를 대법산으로 삼고, 사찰령 36조를 정함.

1908 순종 2 원종종무원을 건립함. 이회광을 대종정으로 임명함.

1910 순종 4 승려들의 취처의 자유를 의논함. 임제종을 창설함.

5. 일제강점시대

1911 임제종 종무원을 설립. 사찰령 시행규칙을 분류함. 30본사를 설정함.

1912 조선불교선교양종 종무원을 설치하고, 각황사를 중앙포교당으로 함.

1913 스리랑카승려 달마파라가 옴. 불교홍릉회를 발족함.

1917 불교진흥회를 설립.

1920 불교청년회를 설립.

1921 조선불교선교양종 중앙총무원을 설립.

1922 불교유신회를 만듦. 사찰령 폐지 등을 조선총독부에 제출.

1924 '불교' 지 창간. 원종호법회를 설립.

1927 조선불교중흥회를 설립. 금강산 유점사에서 금강불교청년회를 설립.

1928 사법개정. 각사에 평의원회를 설치. 불교 시찰단을 일본으로 파견함.

1929 전국승려대회를 개최함.

1931 각황사에서 조선불교청년동맹의 발기대회를 개최함.

1936 해인사 대장경을 인각함.

1942 조계종법을 발포.

1945 사찰회. 조계종 총본산, 태고사법등의 폐지를 결의. 대한민국 불교신종단의 출발

1946 대한민국 성립.

6. 대한민국

1947년 선학원에 조선불교 총본원설립(교정 장석상), 태고사 인도 요구.

1948년 5월 제헌국회에 승려 출신 유성갑, 최범술 당선.

1948년 6월 조선불교 제2대 교정에 방한암 추대.

1948년 12월 조선불교 중앙총무원장에 박원찬 발령.

1949년 9월 유엽, 한보순, 장도환 등 총무원에 난입. 원장 박원찬 등을 감금. 사직 강요.

1949년 10월 제3대 총무원장에 김구하 취임.

1950년 5월 제2대 국회에 승려 출신 이종욱, 허영호, 박성하 당선 진출.

1950년 6월 인민군을 따라서 남하한 김해진에 의해서 총무원이 점령 당했으나 곧 수복. 불교계 주요인사 납북.

1952년 7월 제4대 총무원장에 이종욱 취임.

1954년 5월 이승만 대통령 제1차 정화유시 발표.

1954년 6월 조선불교를 대한불교 조계종으로 개칭.

1954년 6월 불교정화운동 발기인대회 개최.

1954년 11월 비구측 태고사 강제 점거. 대처승 축출.

1955년 1월 종정 송만암, 비구승이 환부역조(換父易祖 : 보조종조론을 가리킴)한다고 종정을 사퇴하고 대처승측에 가담.

1956년 6월 서울지방법원, 비구측의 종헌 무효 선고. 비구측 항소.

1957년 9월 서울고등법원, 비구측 패소 부분을 취소한다고 판시.

1958년 12월 장성 백양사, 비구, 대처승간 난투극 연출.

1960년 11월 비구들 400여명 대법원 청사에 난입. 6명의 비구 할복 기도.

1962년 1월 비구측 종정 하동산과 대처승측 종정 국성우 문교부에 출두하여 통일종단 구성에 서명 날인.

1962년 5월 불교재산관리법 제정 공포.

1962년 9월 통합종단 결렬.

1970년 4월 대처승측, 한국불교태고종으로 독자노선을 선언.

1978년 3월 조계종 재야측, 개운사에 임시 총무원을 개원, 조계종 양분.

1980년 10월 개운사측, 조계사측 총무원을 강제 점거.

1980년 10월 계엄사령부, 조계종 총무원 및 전국주요 사찰에 계엄군 투입. 10.27법란.

1986년 6월 정토구현 전국승가회 창립.

1986년 8월 조계종 제 25대 총무원장 서의현 취임.

1988년 불교재산관리법 폐지, 분종과 창종 사태(30개가량의 신생 불교 종단 출현).

1993년 11월 조계종 종정 성철 스님 입적.

1994년 3월, 4월 범종추, 구종법회

1994년 4월 13일 조계종 개혁회의 출범.

법공 스님이 들려주는 불교이야기
부처님의 생애로 살펴본 불교이야기

초판인쇄 · 2019년 1월 7일
초판발행 · 2019년 1월 12일

지은이 : 김화 법공
펴낸이 : 서영애
펴낸곳 : 대양미디어

출판등록 2004년 11월 제 2-4058호
04559 서울시 중구 퇴계로45길 22-6(일호빌딩) 602호
전화 : (02)2276-0078
팩스 : (02)2267-7888
E-mail : dymedia@hanmail.net

ISBN 979-11-6072-039-6 03220
값 12,000원

*지은이와 협의에 의해 인지는 생략합니다.
*잘못된 책은 교환해 드립니다.

이 도서의 국립중앙도서관 출판예정도서목록(CIP)은 서지정보유통지원시스템 홈페이지
(http://seoji.nl.go.kr)와 국가자료공동목록시스템(http://www.nl.go.kr/kolisnet)에서
이용하실 수 있습니다.(CIP제어번호 : CIP2019000427)